Dictionnaire du français branché

suivi du

Guide du français tic et toc

Du même auteur

AUX MÊMES ÉDITIONS

Le Blues de l'argot
coll. « Point-Virgule », 1990

Le Yaourt mode d'emploi
coll. « Petit Point », 1991

Le Déchiros
coll. « Point-Virgule », 1991

Lexique du français tabou
coll. « Point-Virgule », 1993

CHEZ D'AUTRES ÉDITEURS

Amin Dada ou Les Sombres Exploits
d'un sergent de l'armée britannique
Régine Deforges, 1978

Le Café-Théâtre
PUF, coll. « Que sais-je ? », 1985

Les Beatles
(en collab. avec Jacques Volcouve)
Solar, 1987

L'Assassinat de John Lennon
Fleuve Noir, 1993

Pierre Merle

Dictionnaire du français branché

suivi du

Guide du français tic et toc

Éditions du Seuil

COLLECTION DIRIGÉE PAR NICOLE VIMARD

En couverture : illustration Hoviv.

ISBN 2-02-010480-6.
(ISBN première publication : 2-02-009424-X.)

PREMIÈRE PARTIE

Dictionnaire du français branché

Tradition

Certes, « toute parole se laisse dire, et tout pain manger », mais les mots nouveaux irritent beaucoup de gens. Chacun a le sentiment, plus ou moins avoué, que le langage devrait être immobile, immuable. Quand elle n'est pas strictement technique, ou professionnelle, la nouveauté fait naître un sentiment de frustration, d'exclusion, tant on voudrait que la langue ne change en rien entre notre enfance et... le reste. Nous avons tous, d'une certaine façon, l'image d'un langage confort et sécurité. La langue de nos pères. Quelle utopie ! Le langage retraite...

Eh bien non, il est banal de le répéter, la langue se meut, au moins dans les franges du parler quotidien. Il y a toujours eu un langage à la mode, avec ses engouements, ses tics, ses maniérismes, ses afféteries. Le langage « branché » – fût-il chébran – des années 1980 n'est pas plus surprenant à cet égard que celui des générations passées, que ce soit celles du XIXe ou du siècle présent. Hier le *cant*, aujourd'hui le *must* ! Ces connivences nouvelles sont un signe de santé, non pas de décadence, et toujours il y a eu, heureusement, des observateurs astucieux pour noter les inventions, et les enregistrer à temps dans des lexiques qui font le régal des amateurs et la pâture, ensuite, des historiens de la langue et des mœurs.

La différence, aujourd'hui – la véritable nouveauté sans doute –, c'est que les mots nouveaux ne courent plus longuement le ruisseau, ni les salons, ni les bordels, avant de pénétrer dans l'usage. Ils croissent dans les banlieues, dans les zones bruyantes de la musique rock, se fortifient dans les cours d'art dramatique, dans le show-biz et dans la pub ; ils circulent tout de suite dans les foules socialement hybrides qui hantent les concerts rock, bruissent dans les salles de rédaction, et de là sifflent sur les ondes jusque dans les chaumières en béton du pays tout entier. Naguère, le *pied* « plaisir » a explosé littéralement dans la langue, vers 1968, après avoir cheminé presque un siècle dans les souterrains de l'argot ; tout récemment, le *plan* est devenu l'un des codes du langage branché seulement quelques mois après son apparition. Le foisonnement des radios libres, après 1981, n'est peut-être pas tout à fait étranger à cette accélération dans la propagation des vocables. Il est possible que la multiplication des relais favorise, en effet, le « branchement » !

Donc, Pierre Merle, journaliste au cœur de l'écoute – il a déjà publié un remarquable « Que sais-je ? » sur le café-théâtre –, s'est fait un plan dictionnaire. Ce recueil tout à fait succulent et enjoué, « câblé » comme il faut, bien dans la « mouvance », est également précis et méticuleux. Il s'est efforcé de définir et de dater les mots dans le vent médiatique, et de retracer à chaud, autant qu'il est possible de le faire, leurs origines diverses. Il se place par là dans une longue et vieille tradition. Pour ne citer que le plus illustre parmi ses nombreux devanciers collecteurs de mots fragiles, Pierre Merle me rappelle à bien des égards Alfred Delvau, dont le *Dictionnaire de la langue verte,* publié en 1867, constitue toujours un monument, un témoignage irremplaçable sur la langue populaire de l'époque, donc sur la vie du français tout court. De Delvau, journaliste et parisien lui aussi, grand coureur de théâtres, Pierre Merle a l'observation passionnée, l'ironie parfois, et surtout l'humour comme guide. Cet humour s'appelait jadis l'« esprit », et je citerai ici la belle définition de ce vieil Alfred : « L'esprit est la raison elle-même, la raison enjouée, folâtre même, mais la raison : c'est une boussole. »

Il reste qu'un tel glossaire était d'ores et déjà devenu nécessaire. Outre l'amusement qu'il procurera au simple amateur en mal de curiosité légitime, ce *Dictionnaire du français branché* sera réellement utile à tous ceux qui se sentent un tant soit peu débordés par la florescence du vocabulaire ambiant, et qui désirent savoir où, exactement, ils mettent les pieds. Il servira à éclairer la lecture de certains romans contemporains, de bandes dessinées, voire de quotidiens de pointe dont la teneur s'avère quelquefois embarrassante pour le lecteur éloigné du contact direct de la langue – je pense en particulier aux lecteurs qui résident à l'étranger.

Cela dit, malgré la surprise des premiers instants, on peut dire, au risque de décevoir, que le français branché des années 1980 forge ses innovations par des procédés parfaitement traditionnels à la langue. Ce sont d'abord les tics de langage, inévitables en tout temps – *j'veux dire, carrément, à la limite* –, mêlés aux mots de vieille roche à saveur rénovée – *à mort, ringard* –, sans oublier le demi-millénaire *baise*... Le langage philosophique galvaudé par le forum (mais pourquoi pas ?) a lui aussi de la bouteille : *assumer, véhiculer, approche,* avec sa composante psy mise à la sauce quotidienne – *somatiser, lapsus* – et le fameux *quelque part* devenu lieu commun. Les appropriations de termes courants avec glissement de sens – *nul, pote, redoutable, incontournable* – font partie intégrante de la vie du langage ; qui se souvient, par exemple, que *formidable* (de *formidare,* redouter) signifiait naguère « effrayant, épouvantable », et justement « redoutable », avant que son passage, fort raillé en son temps, par le laminoir des mots à la mode l'ait rabaissé à « énorme et épatant » ?... On relève un peu d'argot, source traditionnelle – *baston, colis* –, et naturellement quelques créations assez bien venues, comme *plan* et *matos.* Les désinences en *-os* sont au goût du jour – *ringardos, coolos* –, mais la langue populaire en a vu d'autres, la manie des suffixes en *-ard,* par exemple, dont il reste *épicemard, taulard, tubard,* etc.

Une originalité notable cependant : la vogue du verlan, autrefois *vers-l'en.* Cette formation du langage à « l'envers » appartient, n'en déplaise à personne, à une fort ancienne tradition plus ou moins voyoute. Au XVIe siècle on appelait les Bourbons les *Bonbours,* et au XVIIIe Louis XV fut nommé *Sequinzeouil* ! Le *vers-l'en* était pratiqué dans les bagnes du XIXe, où Toulon était *Lontou.* Au cours des années 1950, la mode s'établit dans le milieu de la prostitution et dans le monde carcéral : *dreauper* pour *perdreau* (policier), ou *brelica* pour *calibre* (revolver) ; on parlait d'une *meuf* (femme) dans les prisons des *sixties,* bien avant que le mot ne vienne aux lèvres des écoliers. Là encore les branchés *dombi, Beur* et *laisse béton* puisent, si j'ose dire, dans le vieux terroir !

Et l'anglais ?... Évidemment, l'anglomanie fait florès : 20 % des termes relevés par Pierre Merle viennent de l'anglais, par le canal de la drogue, hélas, et d'une manière plus pimpante par la musique rock. Mais là aussi il s'agit d'une tendance constante depuis le XVIIIe siècle, et qui a connu des pointes remarquables dans les habitudes langagières de la haute société. « L'anglomanie fait des progrès chez nous, peuple simiesque », écrivait Delvau en 1867 – il s'agissait alors des termes de chasse, plus tard ce fut le vocabulaire des champs de courses. D'ailleurs, à y regarder de près, ce débarquement massif est plus apparent que profond. Les mots anglais qui ont un succès réel, ceux qui passent véritablement dans l'usage actuel, sont moins nombreux qu'on ne le croirait ; des termes tels que *au feeling, avoir un look, être speedé,* ou au contraire *très cool, flasher sur quelque chose ou sur quelqu'un, squatter,* etc., représentent environ 6 % seulement de la teneur du présent dictionnaire. Pas de quoi en faire vraiment un plat. C'est plutôt la fréquence de leur emploi, caractéristique de l'effet de mode, qui donne à l'oreille et à l'œil l'impression d'envahissement.

J'ajouterai qu'il est doux, pour un observateur de l'histoire du socio-langage, d'apprendre par la plume de Pierre Merle que le Forum des Halles constitue aujourd'hui le « centre névralgique du branchement parisien ». Ces Halles de Paris où Saint Louis installa jadis des marchandes de poisson à la criée dont le gosier fit merveille des siècles durant, dont la jactance, mêlée à celle des crocheteurs du lieu, leurs compères, devint le symbole de la verdeur, de la trivialité colorée dans l'invention verbale ! Ces Halles qui, avec leurs écosseuses, leurs bouquetières, furent au XVIIIe siècle le haut lieu de ce langage vigoureux que l'on appela le *poissard,* l'un des creusets les plus fulgurants du langage populaire en France, ces Halles dont on pleura il n'y a guère la disparition, ces Halles, donc, respirent encore ! On y forge ces jours-ci du langage « branché ». Eh bien, quel que soit le commerce qui s'y manigance, ces quelques arpents de sol sont décidément increvables. Ils suent la langue...Ça finit par être étonnant – et même grandissime !

CLAUDE DUNETON

Mes remerciements vont à ceux de mes amis qui ont eu un jour la bonne idée de se mettre à « causer branché », et aux nombreux inconnus dont les conversations, espionnées çà et là, m'ont fourni l'essentiel de ce livre.

P.M.

A

Accro Abréviation de *accroché* (de l'américain *hooked,* accroché et dépendant de la drogue). Par extension, toute personne hyperpassionnée par quelque chose est un *accro.* « Alors, complètement *accros,* les Français ? Déjà incapables de vivre sans télé ? » s'interroge le magazine *20 sur 20* dans son numéro de mars 1986.

Addict Fou et dépendant. Dans une publicité restée célèbre pour le chocolat Lanvin, considérée aujourd'hui comme un morceau d'anthologie, Salvador Dali aurait pu s'exclamer : « Je suis *addict...* du chocolat Lanvin ! » Ce mot anglais (« qui s'adonne à... ») vient naturellement de l'univers de la drogue dure, et s'emploie beaucoup par dérision. Un *foot-addict,* ou *addict de foot,* ne peut en aucun cas être privé de la retransmission d'un match de Coupe du monde (ou de quelque autre, d'ailleurs)...

Ado Cette abréviation pour *adolescent* a pris naissance au début des années cinquante dans le milieu des pédagogues et des mouvements de jeunesse, très précisément dans la formule des *camps d'ados,* lesquels accueillaient les enfants après quatorze ans, c'est-à-dire ceux qui avaient passé l'âge des colonies de vacances. Le mot est passé dans la langue générale au cours des seventies et désigne aujourd'hui les adolescents. Comme aurait pu l'écrire André Gide : « Ils sont bien loin d'être tous des Adonis, mais on les adore quand même, chacun à sa manière. » Pour sa part, le très BCBG* *Madame Figaro* titrait le 26 avril 1986 : « Ni sexe, ni drogue, ni révolte. Le boulot, la famille, les copains : les *ados* réglos. »

Aérobic Sorte d'exercice physique à la mode, à mi-chemin entre la gymnastique suédoise et la danse (dont la grande prêtresse est l'actrice américaine Jane Fonda), destiné – théoriquement – à faire fondre les grosses.

Afro Terme musicos*. Désigne de près ou de loin, et parfois même de très loin, ce qui se réclame de la musique ou du look* africain. *Coupe afro :* les cheveux « à l'africaine ». *Musique afro-américaine :* musique pratiquée par

* Les mots marqués d'un astérisque sont expliqués dans cette première partie de l'ouvrage.

les Noirs américains (jazz, par exemple). *Le Monde* du 6 juin 1986, à propos du livre de J.-P. Levet *Talking That Talk* : « Il a consacré dix ans de sa vie à l'étude du parler *afro-américain,* où un ours *(bear)* n'est qu'un laideron, un pétunia *(patuni)* une petite amie, un gâteau sec *(cracker)* un petit Blanc. »

Agaçante De l'anglais *to tease,* taquiner, agacer, dont l'un des sens dérivés est « avoir une attitude sexuellement provocante ». *Une loute salement agaçante* n'est pas autre chose qu'une fille drôlement, vachement (obsolète) excitante. NB : Ne se masculinise jamais. *Un type agaçant* reste donc, et sans ambiguïté aucune, un insupportable raymond*. Voir *godillante.*

Agressant Déplaisant, irritant.

A la limite Un tic de langage quasi historique des années quatre-vingt, au même titre que *c'est pas évident** ou *j'vais t'dire**. Sorte de précaution oratoire préfabriquée servant à prévenir son interlocuteur de l'énormité qu'on s'apprête à lui sortir : « *A la limite,* on peut se demander si François Mitterrand ne roule pas pour Raymond Barre ! » (entendu dans un restau branché des Halles en février 1986). • LIMITE ou C'EST LIMITE : « Tu as eu ton avion ? – Oui, mais alors *limite-limite* ! » (il était moins une).

Alcoolo Ivrogne chronique en état de délabrement avancé. *Maintenant, il bloque* sur le shit* et se lance dans un trip* alcoolo d'enfer** (il a lâché la fumette pour l'alcool). « Hannah (Mia Farrow), actrice de théâtre cérébrale, partage son appartement avec son Elliot de mari (Michael Caine). Autour d'elle, sa nombreuse famille. D'abord, ses deux sœurs : Molly, célibataire angoissée et cocaïnomane, Lee, la cadette, qui concubine avec Frederick, artiste peintre sexagénaire et lancé. Ensuite, ses parents, ex-acteurs de série B, *alcoolo*-cabots. Enfin, Mickey (Woody *himself*) » (présentation du film de Woody Allen *Hannah et Ses Sœurs* dans *Libération* du 20 mai 1986).

Allumé Fou furieux, obsédé... Avec une nuance de sympathie : *C'est l'allumé total* au niveau baise** (la tactique qu'il emploie avec les femmes peut être considérée comme proche du harcèlement sexuel). Voir *jeté, flippé, déjanté.* Autres syn. *niqué, fêlé.*

A mort A fond, jusqu'à la toute dernière extrémité, à l'extrême limite du possible. *Je fonce, j'y vais, je bosse, je flippe, je bande à mort,* etc. Curieusement, le branché emploie là une locution vieille comme Hérode – elle s'est formée au Moyen Age dans les combats « à mort » et n'a cessé depuis de signifier « énormément ». « *A mort,* excessivement, dit Littré. *Boire à mort.* » La chose amusante, à hurler de rire si l'on veut, c'est que le branchement en fait aujourd'hui (punkitude* oblige) une sorte de traduction mot à mot de l'anglais *to death,* comme dans *I was scared to death.*

Amorti Mot très en vogue dans les années soixante, ressurgi, précisément, avec la mode sixties* du début des années quatre-vingt. L'*amorti* n'est plus tout jeune, pas encore tout à fait bon à jeter non plus. Il a vécu assez longtemps *pour amortir son prix d'achat* (référence à l'automobile). Sans look*, un peu terne, l'*amorti* flotte mollement entre trente-cinq et quarante-cinq ans. Cousinage évident avec l'argot classique *amorti,* fatigué.

Angoisser D'abord utilisé par la génération baba*, surtout dans son acception psy*, avant de tomber dans le domaine des tics de langage des eighties*. *M'angoisse pas!* (laisse-moi tranquille). *J'angoisse à mort*!* (j'éprouve une certaine inquiétude). • C'EST L'ANGOISSE : je suis un peu ennuyé. *Le dernier Godard? Une angoisse pas possible!* (le dernier film de Jean-Luc Godard est loin d'être son meilleur). Voir *flip.*

A plat *Poser à plat,* examiner froidement, clairement et sans passion partisane les axes essentiels d'une idée, d'un discours*, pour ne pas se perdre dans les détails et rater l'essentiel. *A plat, comme ça, le western de série B ne me paraît pas différent de la tragédie classique.* Voir *déconstruire.*

Appart' (ne jamais oublier l'apostrophe) *Appartement,* c'était un peu long. On a donc abrégé. (Les plus hardis vont même jusqu'à parler d'un *app* tout simplement.) « Dédé se porte volontaire. Mustaf' l'accompagne. On décide de se retrouver à l'*appart'* de Mandrax pour finir la nuit relax » (Frédéric Lasaygues, *Vache noire, Hannetons et Autres Insectes,* Éd. Barrault, 1985).

Approche « Manière d'aborder un sujet » (Larousse). Plus ou moins galvaudé dans les années soixante-dix. Conception, définition. *Je ne cerne pas complètement ton approche* du cul** (je ne parviens pas à saisir vraiment quelle est ta conception des rapports hommes-femmes). Attention au contresens !

Arracher Origine : baba-hard* motards. Si quelque chose ne *cogne* pas, ne *cartonne** pas non plus, mais *dégage* quand même un max**, alors on peut dire que *ça arrache,* ou même que *ça dépote,* ou que *ça décoiffe.* • S'ARRA-

CHER : partir. Syn. *s'extraire, faire cassos, se briser, mouver* (de l'anglais *to move*, bouger).

Arrimer (s') « A quoi ça rime de *s'arrimer*, Marie, ma mie, si c'est pour pas s'aimer ? » avait un jour écrit un poète anonyme sur un mur blanc du Forum des Halles, centre névralgique du branchement parisien. *S'arrimer* signifie donc vivre avec quelqu'un, généralement – mais pas obligatoirement – du sexe opposé, avec l'intention que cela dure un bon bout de temps. Hors mariage (ce qui est le *nec plus ultra*) ou non. *Là, maintenant, je m'arrime sec* (j'engage cette fois-ci une liaison que j'espère durable).

Assumer Traduction existentialiste (et autrefois exclusivement utilisée par les intellectuels) de « accepter un état de fait ». Ce mot a fini par échouer dans le domaine de la conversation courante à force d'être utilisé par les médias* depuis le début des années soixante-dix.

> Y'avait deux trois loubards
> Qu'assumaient leurs instincts.
>
> *Renaud.*

Ne pas hésiter à ajouter l'adjectif *sec* pour affirmer son discours : *J'assume sec* ou *complètement**. • S'ASSUMER EN TANT QUE : se définir ET s'accepter comme... « Dans toute cette glauquerie*, je *m'assume* en tant que super-mickey* ! » aurait pu s'écrier le roi Edward II à la fin de la fameuse pièce de Christopher Marlowe... précisément intitulée *Edward II,* si on avait jugé bon d'en faire une relecture contemporaine !

Assurer Tout comme l'alpiniste *assure* sa prise, le branché sharp *assure* dans son domaine. *Il assure sec* (ou *un max**) *au niveau** *fringues* (il en connaît un bout, il est tout à fait fiable pour ce qui concerne la mode vestimentaire). *Côté loutes, il assure!* (c'est un excellent dragueur). Voir la publicité pour pulls : « Elles *assurent* en Rodier. » Yannick Noah, commentant sa rencontre avec le pape Jean-Paul II en mai 1986 : « Il *assure* » (il m'a fait bonne impression). NB : Celui qui assure est une *pointure,* ou un *master.* Voir *chapeauter, cartonner.* Autres syn. *cogner, déménager.*

Atterrir Origine : jargon-drogue. On *atterrit* après un trip* quand on revient (pas toujours en pleine forme) à la réalité. Par extension : retrouver ses esprits, son bon sens, son sens critique, sa lucidité.

Au niveau (de) En ce qui concerne... sur le plan de... à propos de... Cette expression épidémique provient du langage dit « structuralo-technocratique ». Ainsi, si le philosophe continue de situer son propos à un niveau par exemple phénoménologique, le serveur de restaurant moyen s'inquiétera de savoir si ça va *au niveau vin,* et le cuistre modèle courant s'obstinera à situer son propos *au niveau du vécu** de chacun.

Aviateur Par identification avec le look* Buck Danny, Battler Britton et autres héros de l'aviation en bande dessinée des années cinquante, désigne les homosexuels mâles adeptes des cheveux courts au cran ravageur, du blouson de cuir type RAF, et éventuellement de la moustache. Voir *gay*. Autres syn. *bombardier, cuir.*

B

Baba ou **bab's** Signifie « sage » en sanskrit. Abréviation de *baba-cool,* plus que de *baba-hard**. Nom à l'origine péjoratif donné aux hippies* par les premiers punks*. *Baba-cool* (*cool :* décontracté, détendu et, par extension, serein, qui sait tout admettre et tout tolérer) : tout post-soixante-huitard, ex-hippie* velléitaire, amateur de musique planante, de John Lennon (période Yoko Ono surtout), de spiritualité hindoue (d'où son nom), de *Peace and Love,* en est un. A plus forte raison s'il s'est senti taraudé, à la fin des années soixante-dix/début des années quatre-vingt, par des envies quasi irrépressibles de s'inscrire au Parti socialiste. Philosophiquement, l'authentique *baba-cool* est fondamentalement mou et culpabilisé, tiers-mondiste jusque dans ses fibres les plus secrètes, manichéen et un brin masochiste : l'Occident chrétien, colonialiste, pilleur, tortionnaire, malfaisant, etc., c'est le Diable ! Syn. *larzac.*

Baba-hard En verlan* : *radabab*. Né, comme le précédent, dans les seventies. Il s'habille aussi en jeans et porte également les cheveux longs. Mais lui, il préfère nettement la moto à la délectation morose, le hard rock et, de temps en temps, enrichir sa démonstration d'arguments frappants.

Babaterie Caractère de tout ce qui est baba* (idées, vêtements, prises de position, musique, etc.).

Baigner *Ça baigne, tout baigne,* contractions de *ça baigne dans l'huile.* Signifie que tout est pour le mieux dans le meilleur des mondes possibles. « Du côté du RPR, officiellement, tout *baigne* ! » explique la journaliste Catherine Nay sur Europe 1, le 19 mars 1986, peu après les élections législatives.

Baise *Faire l'amour,* cela fait un peu vieux jeu et, pour tout dire, hypocrito-romantique. *Coït,* c'est un peu techniquc, ct pas très évocateur ni très imagé. Or notre époque réclame des images, et si possible des images fortes : il ne reste pratiquement plus, dès lors, que la *baise.* « Le baiser est plus intime que la *baise.* C'est pourquoi je n'ai jamais aimé que mes petites amies embrassent d'autres hommes » (Charles Bukowski, *Women*). « Dans une scène de *baise,* déclare le peintre berlinois

Salomé à *Libération* le 6 mai 1986, je ne suis pas tout seul. Le moi devient toi, lui, l'autre ! » NB : *Baisothèque* remplace de plus en plus *baisodrome.*

Balai An. S'utilise exclusivement pour indiquer l'âge : *Il a bien 25 balais!* Il se trouve simplement que, de tous les bons vieux termes argotiques bien connus (*berge, carat, pige,* etc.), la mode eighties* n'a retenu que *balai.* Et apparemment, on fait très bien (et beaucoup...) avec !

Banane Coiffure dérisionnaire en référence au cran gominé à la Elvis Presley, qui faisait rage à la fin des années cinquante et au début des années soixante. La mèche privilégiée (sur l'avant du crâne) est généreusement brillantinée (ou mieux : copieusement sucrée) pour la faire tenir, puis lourdement ramenée sur le front, au-dessus duquel elle se solidifie. La *banane* s'accompagne souvent, au bas de la nuque, de la *queue de canard* (également laquée, bien entendu), balayant le col de la chemise, si chemise il y a. « *Banane* en béton, costume d'époque, il est complètement immergé dans le trip* », constate et apprécie le journal *Actuel* en 1982 (cité dans *Lire,* n° 85).

Barbique Dérivé de l'argot *barbeau,* souteneur. Une *barbique* (nom toujours féminin) désigne un personnage généralement masculin, un peu rouleur, pas forcément méchant, viscéralement vulgaire, et souvent doué d'une gouaille ravageuse. *Son marcel*, c'est vraiment une barbique d'acier* (ou *barbique pas possible,* ou *barbique d'enfer*,* ou *super-barbique*) (son petit ami me semble un tantinet ordinaire). • BARBIQUER : avoir un comportement digne d'une *barbique.*

Barge Abréviation de *bargeot* ou *barjot* (verlan* de *jobard*), avec une légère altération du sens. En effet, si *jobard* désigne un personnage niais, naïf ou par trop crédule, *barge* introduit souvent une nuance de sympathie. Voir *allumé, jeté, déjanté.*

Baskets (toujours au pluriel) *Être bien dans ses baskets :* être bien dans sa peau. A rapprocher de l'américain *If I were in your boots* (si j'étais dans tes bottes, à ta place). *Lâchez-moi les baskets* (laissez-moi tranquille, laissez-moi vivre ma vie). Bernard Pivot à Jean d'Ormesson, lors de son émission « Apostrophes » du 9 mai 1986 : « Par ma bouche, il vous demande quand est-ce que vous allez lui lâcher les *baskets,* Dieu ! » L'expression a commencé à être popularisée voici une dizaine d'années par un spectacle de café-théâtre à succès signé Marianne Sergent : *Rendez-moi mes baskets.*

NB : Certains puristes, adversaires acharnés du franglais, persistent à orthographier *basquettes,* arguant que le mot viendrait de *basques* (cf. *être pendu aux basques de quelqu'un*), ce qui est une étymologie plus que douteuse.

Baston Indifféremment masculin ou féminin, *baston* désigne la bagarre en bon vieil argot moderne (1950). Le phénomène de nouveauté réside en ceci qu'il sera toujours et systématiquement préféré à *castagne, cogne, friction, chicorne,* etc.

Bâton On ne dit pas *10000 francs,* car cela fait un peu trop caisse d'épargne, ni *un million ancien,* parce que cela fait papy gâteux, ni *une brique,* parce que cela fait franchement ringard* (d'autant plus qu'avec cette somme on ne peut plus « construire » grand-chose dans les années quatre-vingt). On ne garde donc que le mot *bâton.*

BCBG Abréviation bien connue de *bon chic bon genre* (de bon ton). En 1986, on préfère nettement *CCCG* (cravate club complet gris) pour les hommes, et *FHCP* (foulard Hermès collier de perles) pour les femmes. Pour l'hebdomadaire *Télérama* du 7 juin 1986, le look* de l'acteur Bernard Giraudeau se situe « entre Tintin baba-cool* et Fanfan la Tulipe *BCBG* ».
• BÉCÉBÉGISME : caractère de tout ce qui est

BCBG ou supposé tel (vêtements, philosophie, tendance politique, goûts divers).

BD ou **bédé** Initiales de *bande dessinée*. Une *BD* désigne généralement une de ces bandes dessinées des années soixante-dix/quatre-vingt à résonance politico-socio-culturo-machin, bref la bande dessinée « intelligente », par opposition à celles de Disney, de Hergé ou d'autres, qui (sans doute ?) doivent être considérées comme pas assez « en prise » sur les problèmes du temps... A chacun d'apprécier. • BÉDÉPHILE : amateur de bédés.

Beauf « Pop., abréviation de *beau-frère* », dit le Larousse. Au seuil des années soixante-dix, le dessinateur Cabu annexe le mot pour en faire, en caricaturant un patron de bistrot qu'il connaît bien, un nouveau symbole du Français moyen dans tout ce qu'il peut avoir, à ses yeux, d'abject et de vulgaire : adipeux, hirsute, teigneux, bourré de certitudes, réactionnaire, raciste, anti-jeunes, misogyne mais vicieux, fourbe, veule, odieux, alcoolique, il aime le football, joue au tiercé et lit *le Parisien libéré*. De fait, le *beauf* imaginé par Cabu (pour l'hebdomadaire satirique *Hara-Kiri*) remplace le petit personnage « Français moyen », à béret et baguette de pain, dans l'inconscient collectif* du branché. Ce petit personnage étant désormais perçu (humour féroce ou « bête et méchant » oblige !) comme trop anodin, trop inoffensif. Le *beauf,* cela va sans dire, est l'ennemi héréditaire du baba-cool* (et réciproquement). Syn. *dupont-la-joie.*

Beuflant Nouveau, super, génial, fantastique. Verlan* approximatif de *flambant.* (Ce n'est là qu'une des explications possibles de ce mot aux origines mystérieuses derrière lequel on peut voir aussi le fameux *effet bœuf.*) *Un trip* (*ou un *plan*) superbeuflant* n'est rien d'autre qu'une chose tout à fait remarquable.

Beur *Arabe* en verlan* (vieux schéma argotique d'inversion des syllabes – *re-be* devenant *be-re* – remis à la mode par les baba-hards* à la fin des années soixante-dix). Anciennement très péjoratif (*Beur* ou *Beuron*), ce mot semble avoir acquis (avant même l'offensive des *potes,* voir ce mot) son droit d'asile dans le vocabulaire contemporain. Dans la pratique, il désigne surtout les jeunes Maghrébins dits « de la deuxième génération ». Ce mot peut être utilisé sans crainte ni mauvaise conscience dans les dîners en ville, en présence ou non des principaux intéressés.

Biche « Vient de *bisha,* nom par lequel les travestis se désignent entre eux, au Brésil, et qui veut dire à la fois "travelo" et "chérie" », explique Élisabeth Salvaresi dans l'enquête qu'elle consacre à ces travailleurs immigrés vraiment pas comme les autres dans *le Matin de Paris* du 24 octobre 1981. En pratique, tout transf* qui fait la retape et qui est d'origine sud-américaine est une *biche.* Surtout quand cela se passe dans les bois.

Bide Échec, désastre, débandade, revers. *C'est le bide. Je me suis pris un bide total.* Ou encore : *un bide de folie, monumental, pas possible, redhibos**. Originc : milieu théâtral d'abord, où, depuis la guerre, *bide* a progressivement remplacé *four.* Divulgué par le show-biz et amplifié par lui dans les années soixante. Voir *flop.* Autre syn. *cata* (abréviation de *catastrophe*).

Bidet Il prend tout, avale tout ce qui traîne. Tout y passe, tout est bon sans distinction. A tel point qu'on ne peut que le mépriser (surtout quand on est vraiment sharp, c'est-à-dire bien dans la mouvance* de l'époque) et, pour finir, s'asseoir dessus. Le *bidet,* c'est le « faux branché » dans toute sa splendeur, prêt à tout pour *avoir l'air d'avoir l'air...*

Biisme ou **bi-isme** Doctrine fort en vogue dans les eighties* reposant sur la théorie de la quasi inévitable bisexualité de tout être humain sachant s'assumer* pleinement. *L'avenir est aux bis* est la clé de voûte du *biisme* contemporain (*bi :* abréviation – fort commode par les temps qui courent – de *bisexuel*). *Il vit pleinement son biisme!* (il est à voile et à vapeur, il le sait, il aime ça, et il ne craint pas d'en parler, bien au contraire).

Blackie De l'anglais *black,* noir. Comme *Beur** pour les Arabes, *Blackie* peut être utilisé (en France) sans crainte excessive de représailles de la part des principaux intéressés.

Blaireau Mot d'argot-polar (Albert Simonin) à l'origine, qui a été remis au goût du jour par la bande dessinée et le café-théâtre (avec des pièces – au titre plein de dérision – comme *Les blaireaux sont fatigués* ou *l'Étoffe des blaireaux,* entre autres). Entre *beauf** et *mimile* (prolo), le *blaireau* est un homme sans importance également, mais qui se sent ou se croit important, une sorte de « connard brillant ». Voir *rat.*

Bloquer Dérivé de l'expression psy* *avoir un blocage sur (*ou *par rapport à) quelque chose.* Ne pas confondre avec l'argot *bloquer,* recevoir un coup.

Blues En anglais : cafard, vague à l'âme.

Entré dans le langage branché via l'univers musicos*. *Je me traîne un vieux blues de l'enfer** (je n'ai pas vraiment le moral en ce moment). « Les Bleus enfilent leur *blues* », titre, dans un remarquable jeu de mots, *Libération* du 28 juin 1986, après la défaite de l'équipe de France en demi-finale de la Coupe du monde de foot. Syn. *déprime.*

Bodybuildé Se dit de toute personne ayant acquis ses rondeurs musculaires grâce à la pratique intensive du *bodybuilding* ou « gonflette ». « *Toutes folles de lui,* follement aquatique, est enregistré dans un club vert à la porte Maillot, où se pavanent des créatures *bodybuildées* », explique *Libération* du 19 juillet 1986 à propos d'une émission de télé estivale.

Bogarter Monopoliser la cigarette (de marijuana, par exemple...) comme Humphrey Bogart le faisait dans ses films. Une des chansons du film *Easy Rider* de Dennis Hopper (1969) dit textuellement : *Don't bogart that joint, my friend, pass it over to me!* (ne monopolise pas le joint*, vieux, pense un peu à moi).

Bonjour! Expression ironique qu'on pourrait traduire par « Et encore bravo pour... » Implique donc un jugement sur quelque chose. *J'ai* *retrouvé un job, mais alors, bonjour la galère*!* (mon nouveau travail ne me satisfait pas entièrement). Voir le fameux spot publicitaire de la campagne anti-alcoolique 1984-1985 : « Un verre, ça va. Trois verres, *bonjour* les dégâts ! » C'est Coluche qui semble avoir relancé la vieille expression populaire (*bonjour!* au sens de « macache », « impossible », « je vous souhaite bien du plaisir », etc.), cela dans un sketch sur la publicité (plus particulièrement des lessives) : « Alors, celui qui a 5 kilos de linge à laver avec le nouvel Omo (qui lave à travers les nœuds), il fait les nœuds le lundi, il fait la lessive le mardi, et puis il a le reste de la semaine pour défaire les nœuds ! Parce que les nœuds qui ont été dans l'eau, *bonjour!* »

Bouffe Vieux mot d'argot désignant à la fois le fait de manger, la nourriture, les mets, les aliments, la gastronomie (ou la non-gastronomie) et le repas dans son sens le plus large. *Salut, on s'appelle, et on se fait une bouffe!* phrase bien commode quand on quitte quelqu'un qu'on n'a surtout pas l'intention de revoir dans un futur proche !

Boules Symptôme de malaise, d'angoisse, d'irritation, de sensation de « boule dans la gorge ». Anciennement, on préférait *les glandes* à l'expression *les boules.* En fait, il va de soi que les glandes ou boules en question, qui sont censées remonter dans la gorge, ne désignent pas forcément, comme pourraient le croire certains naïfs, les glandes salivaires !

Bourge Vulgaire abréviation (péjorative, bien entendu) de *bourgeois.* Surtout employé par les jeunes.

Branché A la mode, dans le vent (expression obsolète). Terme évidemment emprunté à l'univers musicos*. Comme le notait en 1985 François Mitterrand, président de la République en exercice (à qui presque rien n'échappe...), lors d'un two-men-show avec Yves Mourousi, journaliste star de télé, la tendance moderniste préfère se tourner vers les mots *câblé** et *codé.* « Le père de Nestor Burma, Léo Malet, est toujours *branché.* Il a décidé de fêter ses soixante-dix-sept ans mercredi au Palace », note l'échotier Paul Wermus dans *le Quotidien de Paris* du 29 avril 1986. • ÇA M'BRANCHE : ça m'intéresse, ça me passionne, ça me plaît.

Branlerie Aptitude à fabriquer ou à se fabriquer des chimères et à s'y accrocher désespérément. Imagination débridée, voire dangereuse. *Il est dans un trip* de super-branlerie* (il se berce de douces illusions).

Break Littéralement, en anglais : pause. Terme musicos*. A noter cependant que, dans les matches de boxe, l'arbitre qui désire séparer les combattants crie : « *Break !* » *Bon, on fait un break, là ?* est une proposition qui peut intervenir au milieu d'une discussion légèrement trop animée, dans le but de calmer les esprits. *Oh ! breake un coup, là, tu veux ?* traduction pratiquement littérale de l'anglais *Oh ! give us a break, will you ?* qu'on peut globalement résumer par « Eh ! tu nous lâches un peu, là* ? »

Briefer De l'anglais *to brief,* fournir des directives. *Briefer quelqu'un :* mettre au courant, informer, donner des instructions. « Le petit monde de la FM se fait *briefer* sur son avenir », titre *Libération* du 8 mai 1986 (à propos de l'avant-projet de loi sur l'audiovisuel).

Brink *Être sur le brink* (traduction mot à mot de l'anglais *to be on the brink of*) : être sur le point de faire quelque chose. *J'étais sur le brink du mariage, et puis je me suis mis à flipper* (j'envisageais sérieusement de me marier, lorsque soudain j'ai réalisé que j'étais immature).

Bruncher Sacrifier au rite mode importé des USA du *brunch* (mot-valise formé de *breakfast,* petit déjeuner, et *lunch,* repas de midi).

Le *brunch* est un repas tardif pris dans la matinée, composé la plupart du temps de bacon, d'œufs au plat, de *pancakes* (sortes de crêpes) et de confiture. Le tout tenant lieu à la fois de petit déjeuner et de déjeuner (on dit plutôt un *dej*).

Bullshit En américain : conneries. *Tu me bullshites total** ou *tu me total bullshites* (tu me racontes des craques, des conneries, tu me mènes en bateau).

C

Câbler Version 1985 de *brancher**, la version 1986 étant – informatique ambiante oblige – *coder*.

Caller (prononcer *côlé*) De l'anglais *to call*, appeler. Signifie : appeler au téléphone, téléphoner. *Salut, on se call* (côle) *demain!* (on se téléphone demain).

Camp (prononcer le *p* final) Kitsch (mauvais goût caractérisé) au deuxième degré, c'est-à-dire très affiné, sublimé, supposant un certain recul. « Helmut Berger travesti en Marlène dans *les Damnés* de Visconti, c'est *camp*. Amanda Lear se prenant pour Marlène, c'est kitsch », explique *Télérama* du 23 août 1986. NB pour les linguistes : l'un des sens de *camp*, en anglais, est « affecté ».

Canon Belle fille attirante. « Beaux-arts : ensemble de règles fixes servant de module pour déterminer les proportions des statues, conformément à un idéal de beauté », dit le Robert. Ne pas oublier quand même, et c'est là l'origine la plus vraisemblable, que c'est avec un *canon* qu'on tire le mieux, et avec un maximum d'efficacité ! • C'EST CANON ! synonyme de *c'est super, sauvage, génial, cosmic* (ou *cosmique*), etc. Et aussi de *c'est géant, c'est l'éclat* (voir ces mots).

Carrément Franchement, nettement, entièrement, sans ambiguïté. Devenu un véritable tic de langage (surtout chez les jeunes branchés) à la suite du fameux refrain d'Alain Souchon : « *Carrément* méchant, jamais content ! »

Cartonner Littéralement : faire un carton. Réussir au-delà de tout ce que l'on pouvait imaginer, et avec panache. Taper dans le mille. *Ça cartonne sec :* synonyme de *ça fait mal* (obsolète), *ça cogne, ça dépote, ça allume, ça déménage.* Et aussi de *ça dégage, ça arrache* (voir ces mots).

Cauchemardesque Adjectif tout à fait correct et officiel, mais surabondamment employé. *Un plan* cauchemardesque,* c'est tout simplement quelque chose d'un peu ennuyeux.

Caver *Caver la tête à* (et non *de*) *quelqu'un*

avec... : ennuyer, importuner avec... des histoires. *Tu commences à nous caver dur!* (tu nous énerves passablement). Voir *gonfler.*

Chapeauter A l'origine : avoir autorité sur un groupe de personnes. Maîtriser, veiller à, être compétent dans tel ou tel domaine. *Les Stones, à quarante-cinq balais*, chapeautent encore très sec!* (malgré leur âge moyen plutôt avancé pour des musiciens de rock, les Rolling Stones peuvent encore être considérés comme les meilleurs dans leur catégorie). Voir *assurer.*

Charisme Mot éminemment français figurant en bonne place dans tout bon dictionnaire. Se distingue depuis quelque temps par son emploi à tort et à travers. Ainsi, *charisme* peut tout aussi bien remplacer, de nos jours, *personnalité, pouvoir de séduction* ou *d'attraction, compétence, professionnalisme,* etc. (Rappelons à toutes fins utiles que le dictionnaire dit : « Autorité fondée sur les dons surnaturels d'un individu. ») Dans un hommage vibrant rendu au journaliste Philippe Gildas, l'échotier mondain Paul Wermus explique, dans *Pariscope* du 18 juin 1986 : « Il [Gildas] a su tenir avec son bagout, son *charisme* et, disons-le, son talent, la barre sans trop de tempêtes. » Émouvant !...

Chaud Outre l'expression familière *être chaud pour quelque chose* (avoir envie de faire quelque chose), on peut à présent *être chaud sur quelqu'un* (avoir sexuellement très envie de quelqu'un). *Être trop chaud :* être heureux. *Chaud devant!* expression utilisée par les serveurs de restaurant pour indiquer qu'il faut leur libérer le passage d'urgence. Par extension, s'emploie pour *attention!,* ou *ça va chauffer!* (obsolète), ou encore *planquez-vous!* Cf. Gérard Jugnot, du Splendid, dans son one-man-show *Enfin seul* en 1981 : « Alors là, attention!... *Chaud devant,* je tache! » • CHALEUR : expression (parler minet*) signifiant l'intérêt mêlé d'émotion intense suscité par quelque chose, ou même, plus souvent, par quelqu'un. « Brigitte Bardot, dans la scène de la danse de *Et Dieu créa la femme* : *chaleur,* quand même! »

Cheap En anglais : bon marché. Par extension : nul*, de mauvaise qualité, chiche, petit, mesquin. *Ça fait un peu cheap* (c'est pas terrible). Voir *nul* (ou *nullos*), *deb* (ou *debs*).

Chichi-gratin *Le Paris chichi-gratin* (le Tout-Paris futile et salonnard). Expression dont la paternité est attribuée à l'ex-danseur Jacques Chazot (tout arrive!), dont le moins qu'on puisse dire est qu'il sait de quoi il parle. *Les festivals, Cannes, Avoriaz, Deauville, etc., c'est* *tout chichi-gratin et compagnie.* Syn. *potin-couffin, washi-washa.*

Chômedu Argot des années trente : chômage (comme *fromedu,* fromage). Peut s'employer indifféremment sous les deux formes *être chômedu* (chômeur) ou *être (se retrouver) au chômedu* (être inscrit, être obligé de s'inscrire au chômage).

Cibler Prendre pour cible, ou pour thème, ou pour sujet principal. • CIBLAGE : action de cibler. *Le ciblage du spot sur les chaînes n'est pas évident*, parce qu'il cartonne* trop sur le clin d'œil* (le film publicitaire sur les chaînes stéréo est trop travaillé, on en oublie le produit qu'il vante).

Cirer Par analogie gestuelle, a remplacé petit à petit le verbe *branler. En avoir rien à cirer* signifie tout simplement, on l'aura tout de suite compris, « n'en avoir cure ». L'expression synonyme *en avoir rien à cintrer* se taille également une belle carrière.

Classe *Être classe,* c'est avoir du chic, de l'allure, et faire montre d'une indiscutable élégance un brin classique. Nuance de respect. Un looké* n'est pas forcément *classe.* Un authentique BCBG* l'est souvent. Michèle Morgan est généralement considérée – à juste titre – comme le prototype de la femme *très classe* (on dit souvent *très classe et tout!*). NB : Ne jamais employer l'expression *ça a de la classe* ou *elle a une très grande classe,* qui sonne un peu ringard*.

Classieux Néologisme inventé par Serge Gainsbourg (amalgame entre *classe** et *gracieux*) et largement employé par lui-même et par... les autres.

Clean Propre, net et sans bavure (propre, en anglais). *Mode clean :* cheveux bien dégagés sur les oreilles, look* BCBG*, murs blancs, peu de meubles. Ant. *crade**.

Clippeur Spécialiste de la fabrication des *clips,* ces petits films sophistiqués destinés (à l'origine) à la promotion d'un disque. Un des plus célèbres *clippeurs* de sa génération est Julien Temple (spécialiste des Rolling Stones, de David Bowie, de Culture Club, des Sex Pistols, etc.).

Coincé Mal à l'aise et un peu pincé. Par extension : personne à problèmes. « Trente-trois ans, bien dans sa peau, pas nul*, pas *coincé,* pas fauché, sans principes, plutôt provincial, rencontrerait femme vingt-trois, vingt-huit ans, mêmes affinités, pétillante, physique agréable, avec qui pouvoir s'acoquiner quelques heures ou en week-end à la mer » (annonce – parmi d'autres – parue dans *Libération* le 15 mars 1986).

Coke Cocaïne, la drogue in ! • CRACK : *coke* sous forme de cristaux se fumant dans des pipes en verre.

Cold En anglais : froid. Référence à l'univers musicos* *cold wave* (musique électronique) et au look* qui s'y rapporte (teint blafard, cheveux ébouriffés, lunettes noires, boucles d'oreilles pour les hommes, habillés généralement de noir). Attention au contresens : un *mec cool** est simplement décontracté; un *cold* est quelqu'un dont tout dans l'apparence laisse transparaître un penchant certain pour la musique *cold.*

Colère Adjectivation traditionnelle du parler faubourien entrée dans l'usage branché. *Là*, je suis colère!* (je me sens gagné par un juste courroux).

Colis Jolie fille, plutôt allumeuse (fréquemment employé par Frank Margerin dans ses BD*). Voir *canon.* Autres syn. *paquet* (un brin plus vulgaire), *loute, belette, quatre heures.* Ant. *boud'.* NB : Rien à voir, donc, avec l'argot, où *colis,* nettement péjoratif, désigne une prostituée ordinaire, qu'on « exportait », au siècle dernier et au début du nôtre, sur d'autres continents, dans un but évident de rentabilité accrue !

Collapser De l'anglais *to collapse,* s'effondrer d'un seul coup. Être brusquement anéanti par une nouvelle aussi désagréable qu'inattendue.

Collector's Abréviation de l'anglais *collector's piece* (ou *collector's item*), article de collectionneur (digne de figurer en bonne place dans une collection d'objets rares). *Je vais te présenter son marcel*, tu vas voir le collector's que c'est, j'te dis pas*!* (crois-moi sur parole, son petit ami est vraiment quelqu'un de tout à fait surprenant). « *Animalisms* », *pour un sixties*, c'est vraiment le collector's d'enfer*!* (pour un amateur de la musique pop des années soixante, le disque original des Animals, *Animalisms,* daté de 1966, est une pièce à conserver précieusement).

Collure Officiellement : joint entre deux bandes cinématographiques réalisé par collage. En branché : amalgame, lien (entre deux propositions ou deux idées) à l'emporte-pièce. Serge Gainsbourg, à la télévision : « Le négligé n'implique pas forcément qu'on soit cradingue. C'est la *collure* qui me gêne. »

Comme tu sens ou **comme tu le sens** Comme tu veux. Dans le show-biz : *Tu fais comme tu sens, coco!* (je te donne carte blanche).

Complètement ou **complet** S'utilise quasi systématiquement à la place d'autres adverbes pourtant fréquentables, comme *entièrement* ou *absolument*. « L'héroïne du film *37°2* vous ressemble ? » demande un journaliste à la jeune comédienne Béatrice Dalle. « Ah, oui, *complètement* ! Je suis même pire dans la vie ! » répond cette dernière (*Première,* avril 1986). Autre exemple : *Tu te sens interpellé* au niveau* syndical, toi ?* Réponse : *Ah oui, complètement, j'vais t'dire*!* (« Te sens-tu concerné par l'action syndicale actuelle ? – Sans aucun doute ! ») Voir *total.*

Contre-culture Vieux mot rescapé de la mouvance* pop-seventies, qui tient encore très bien le choc dans les conversations intello-branchées. La *contre-culture,* c'est évidemment la culture « naturelle » opposée à la culture « bourgeoise ». But avoué : abolir tout rapport dominant-dominé (entre créateurs et spectateurs) dans tout « acte culturel ». « La *contre-culture,* c'est ce qui reste quand on a beaucoup parlé et qu'on n'avait rien à dire » (dicton supposé des années quatre-vingt).

Cool De l'anglais : frais, réservé. Largement répandu dans les années soixante-dix par le monde pop. *Keep cool, cool down everybody!* (gardez votre sang-froid, calmez-vous !) hurlait Mick Jagger, leader et chanteur des Rolling Stones, lors du fameux concert d'Altamont en 1969 où, à la suite d'émeutes provoquées par la présence de Hell's Angels (baba-hards* bastonneurs), il y eut un mort et plusieurs blessés. Caractérise tout ce qui est détendu, décontracté, relax. NB : *Coolos* est également beaucoup employé.

Coq Adepte de la coiffure hérissée et souvent multicolore sur le sommet de la tête, avec cheveux ras sur les côtés. Voir également *iroquois* et *skin.*

Coup Fille (sous-entendu : bonne affaire, sexuellement parlant). *C'est un bon coup!* (cette fille est sexuellement douée de ressources et d'imagination). Autres sens : 1° Affaire, occasion. *Tu as été bon, sur ce coup!* (tu t'en es vraiment bien tiré, bravo). 2° Idée, projet. *J'ai un coup, je suis sur un coup fumant!*

Crade Abréviation de l'argot *crado* (crasseux). *La mode, le look* crade :* la recherche et la sophistication paradoxales dans l'art du négligé (exemple : Serge Gainsbourg, qui admet passer beaucoup de temps à se

« raser » avec une tondeuse de coiffeur pour garder une barbe « de trois jours »). Dans son numéro d'avril 1986, l'émission (chic et choc) d'Antenne 2 « Moi, je » titrait en toute simplicité « Les crades » pour annoncer son reportage sur les Français qui refusaient l'hygiène et la propreté.

Craignos Sans intérêt (voir *redoutable*), nul* et non avenu. Fait partie de cette cohorte de néologismes en *-os* (*débilos, calmos, chicos, cassos, tranquillos,* etc.). Origine : *craindre.* • ÇA CRAINT : faut se méfier. « Avec cette meule* d'enfer*, si t'es pas branchée compète, *ça va craindre* » (Frank Margerin, auteur de la couverture du *Nouvel Observateur* du 4 décembre 1982), qu'on peut globalement traduire par « Avec cette moto-là, tu as intérêt à t'accrocher, si tu n'es pas une habituée ! »

Craquer Anciennement : s'effondrer nerveusement. *Craquer* a rejoint aujourd'hui la notion d'enthousiasme : *J'ai carrément craqué pour elle* (j'ai eu le coup de foudre). *C'est craquant* (c'est excitant, enthousiasmant). *Tu craques* ou encore *Tu craques dans ta gaine* (tu ne peux résister, malgré de nombreux et louables efforts). Popularisé par l'équipe du café-théâtre le Splendid avec, en avril 1973, son premier succès, *J'vais craquer;* puis, en 1980, par le film *Je vais craquer,* de François Leterrier, inspiré de l'album de bandes dessinées de Gérard Lauzier *la Course du rat.* Voir le spot publicitaire pour la ligne Infinitif (« La mode qui fait *craquer* ! »). La chanteuse choc et punk* Jeanne Mas à *Paris-Match* (9 mai 1986) : « Un homme plus fort que moi ? Je *craque* à 100 % » (j'adore).

Craquos Boutons dus – en principe – à l'acné juvénile.

Créativité « Pouvoir d'invention », dit seulement le *Lexis* de Larousse. En tout cas, ce mot devient si suremployé (et peut-être surévalué...) que *le Journal du dimanche* du 20 juillet 1986 lui consacre une page entière, intitulée « Les recettes des créatifs » (on est en pleine période estivale, et l'actualité tourne un peu au ralenti) : « C'est [*créativité*] un des termes à la mode chez les cadres dynamiques de tout poil, et plus particulièrement chez les éclaireurs de la modernité », renseigne l'hebdomadaire. Woody Allen, Diego Maradona, Coluche et quelques autres y sont considérés (arbitrairement ?) comme de grands orfèvres en matière de *créativité.*

Creepers Chaussures de rockers* à large semelle de crêpe. *J'en mène pas large dans mes creepers,* comme *je flippe dans mes santiags*,* signifie tout simplement que les choses ne se présentent pas sous les meilleurs auspices.

Créneau Place. *J'ai un créneau* peut donc tout aussi bien vouloir dire « j'ai trouvé un filon » que « j'ai un plan*, j'ai une idée ». Allusion à l'univers auto : *faire un créneau* pour se garer en marche arrière le long d'un trottoir, entre deux voitures. *Trouver un (son) créneau :* trouver sa voie.

Cul Nom tendant à devenir un adjectif synonyme de *sexuellement attirant. Elle est très cul* (il émane d'elle, de son attitude et de ses propos, une sensualité débordante). *Il parle cul* (il fait souvent allusion, dans son discours, aux choses de la sexualité).

Customiser ou **customer** De l'américain *to customize,* fabriquer, mais surtout transformer un objet selon ses propres goûts et lui donner ainsi une allure tout à fait personnalisée. • CUSTOM (dans ce sens) : voiture dont on a remodelé, trafiqué, bricolé le capot ou la carrosserie (ou les deux) à l'aide de contreplaqué, de plastique, de carton ou de n'importe quoi, puis qu'on a entièrement repeinte, pour lui donner un look* d'enfer*.

D

Damned! Interjection anglaise (équivalant à *nom de Dieu!*) passée dans le langage branché par bande dessinée interposée. Au premier degré, *damned!* figure dans toutes les bandes dessinées des années cinquante (voir *la Marque jaune,* page 11 : « *Damned!* La marque jaune!... » s'exclame Mortimer). Au second degré, elle se trouve dans beaucoup de BD* modernes inspirées, justement, de E.P. Jacobs (... et des autres). « *Damned!* On est repérés ! » pouvait-on lire encore récemment sur une peinture murale de style BD du quartier Beaubourg à Paris. S'emploie beaucoup dans le langage branché courant, naturellement par dérision pure. *Damned! J'ai oublié mes clés!*

Daube De l'argot *dauber,* truquer. Camelote. *Ton matos*, c'est carrément* de la daube!* (ton matériel ne vaut rien).

Deadline En anglais : point de non-retour.

(A l'origine, ligne entourant une prison, au-delà de laquelle les gardiens tiraient sans sommation.) Limite infranchissable. *Elle m'a posé un deadline* (elle m'a fixé la limite à ne pas dépasser).

Dealer (prononcer *dileur*) De l'anglais *to deal,* conclure un marché. En langage courant, un *dealer* est un pourvoyeur de drogue. • FAIRE UN DEAL (de l'expression anglaise *it's a deal,* tope là !) ou DEALER (prononcer cette fois *dilé*) : être en affaires avec la ferme intention de conclure vite et positivement.

Deb ou **debs** Simple abréviation de *débile* ou *débilos. C'est hyper-deb* (cela n'a pas de sens). Voir *nul, gol, craignos.* • UN DEB : un jocrisse.

Décadent Se dit de certains chanteurs des années soixante-dix jouant sur l'ambiguïté d'apparence : les rockers* transformistes style Alice Cooper. Par extension : leur musique, puis les amateurs de cette musique.

Décalé « Depuis l'apparition de la crise économique, lit-on dans le supplément *Campus* du journal *le Monde* du 10 avril 1986, le *décalé* a décidé une fois pour toutes que nos sociétés ne s'en sortiraient pas et qu'en conséquence il faut chercher un épanouissement purement personnel. » Peut, dans certains cas, être synonyme de *marginal,* bien que ce dernier terme soit plus spécifiquement seventies.

Décideur Chef, patron, boss, manager, directeur, PDG, etc. « Comment voulez-vous que les *décideurs* ne soient pas sceptiques dans le contexte mondial actuel ? » s'interrogeait un jour Jean Gandois, ex-PDG (ou ex-*décideur,* peut-être ?) de Rhône-Poulenc (cité par Pierre Boncenne dans *Lire*). « Des lettres ont été envoyées à 13000 *décideurs* du pays pour obtenir la libération de prisonniers pour délit d'opinion », écrit *le Quotidien de Paris* du 27 mai 1986, dans un article sur Amnesty International.

Déconstruire Vient tout droit et sans ambiguïté aucune du langage intello*. Attention : ne signifie pas « démolir » ni « faire table rase », mais « démonter » quelque chose (mettons... les mécanismes d'une névrose) « pierre par pierre ». Par extension, on peut dire qu'on *déconstruit* une amitié parce que cela fait tout de même mieux que de dire que l'autre vous emmerde. Noter, toutefois, que *déconstruire* implique toujours une idée de difficulté, de méticulosité.

Défoncer (se) Vient du langage de la drogue

(la *défonce* : la dope). *Bien se défoncer,* c'était à l'origine se prendre une dose « pour grandes personnes » (autrement dit, une forte dose). Aujourd'hui, le sens s'est élargi considérablement. *Se défoncer,* de nos jours, signifie : se faire plaisir, se rassasier, se régaler de quelque chose qu'on aime ou qu'on apprécie. Ainsi, on peut *se défoncer* aussi bien à la bière qu'à la colle à rustines, en regardant des films à la cinémathèque ou ailleurs, qu'en faisant du jogging ou tout ce qu'on voudra. Ironique : *Il se défonce au tiercé* (son grand plaisir, c'est de jouer au tiercé). Voir *s'éclater, se shooter, prendre son pied.* • DÉFONCE : « Une pause, un sandwich, un demi ou une *défonce* sur un de ces vieux rocks qu'on connaît par cœur, et je relance » (*Limite,* de François Bon, Éd. de Minuit).

Dégager Origine argotique : partir, s'en aller le plus rapidement possible. En français contemporain, traduit l'idée de « révélation rayonnante et impressionnante ». *Elle dégage un max** (cette femme est d'une beauté renversante). Voir *arracher, cartonner.* Autres syn. *blinder, déménager* (cf. la fameuse publicité pour la moutarde Ducros, qui *déménage*).

Dégaine Apparence, allure, silhouette vaguement ridicule. S'emploie de plus en plus, parfois au détriment (déjà !...) du fameux look*.

Régine Deforges, dans une interview à *Libération* en avril 1986 sur l'écrivain André Hardellet : « Il avait une espèce de *dégaine* invraisemblable, avec ses pantalons trop grands, mais c'était quelqu'un d'une grande finesse. » Pop. *Ouah! La dégaine!* (Comme son apparence est étrange!)

Dégueu Abréviation de *dégueulasse. C'est pas dégueu* est une des litotes à la mode pour désigner quelque chose qui est vraiment hors pair.

Déjanté Littéralement : sorti de ses jantes, donc des normes. *Un gus déjanté total* :* un marginal. Voir *jeté, flippé, gol, allumé.* Autres syn. *niqué, niqué de la tête, fêlé, délatté.*

Démarche Cheminement intellectuel, raisonnement, analyse. « Quelle a été votre *démarche* en écrivant ce livre ? » (ou en faisant ce film) interroge systématiquement le journaliste – qui n'est pas au courant, histoire de ne pas demander à son interlocuteur : « Alors, de quoi c'est que ça cause, votre truc ? » « Il y a forcément un peu d'hypocrisie dans la *démarche,* au cinéma », explique le réalisateur Bertrand Blier dans l'émission « Cinéma, cinémas » d'Antenne 2, le 20 mai 1986.

Démariage Ni divorce classique « à

l'ancienne » (brutal, dramatique et ringard*) ni simple séparation (un peu cheap*), le *démariage* est la « rupture de contrat » en bons copains, l'un ne cherchant pas à léser l'autre. A la limite : divorce à l'amiable. Plus sûrement : divorce ou séparation à la carte.

Dérilarynxer Pourquoi chercher à faire simple quand on peut faire compliqué ? Quand la folie dérisionnaire vous fait suffoquer, voire étouffer de rire, en finissant par vous bloquer le larynx (stade ultime intervenant juste après celui qui vous fait *hurler de rire**, comme on dit dans les salons parisiens), eh bien vous vous *dérilarynxez* ! En tout cas, ce mot est repris et signalé par le très branché hebdo de spectacle *Pariscope* dès octobre 1985.

Destroy En anglais : détruire. Mot d'ordre néo-nihiliste des punks (voir ce mot) dès leur apparition vers 1975. *Avoir un plan* destroy* : avoir pour finalité de faire table rase de quelque chose, et peut-être bien de tout !

Deuxième degré Expression échappée et survivante des années soixante-dix. C'est l'art et la manière de saisir les choses au-delà de leur apparence pour en sentir la substantifique dérision. Les chansons réalistes sont souvent hilarantes quand on les prend *au deuxième degré*. Ce qui est censé être drôle pour les ploucs *au premier degré* (c'est-à-dire : tel quel) ne l'est évidemment pas pour l'intellectuel raffiné. Mais ce dernier peut, lui, trouver matière à rire dans ce qui est déjà réputé drôle... pour les autres : *Le théâtre de boulevard, pris au deuxième degré, ça peut être à hurler de rire*!* On l'aura compris, les amateurs de *deuxième degré* ne sont évidemment pas n'importe qui. NB : Il y a parmi ceux-ci les pessimistes qui, eux, préfèrent employer l'expression *second degré* (sous-entendant qu'il ne peut y en avoir que deux) et les autres (plus nombreux) qui restent attachés à la formulation *deuxième degré* dans la mesure où ils savent qu'il peut exister aussi un troisième, cinquième, x-ième degré. Simple question de degré de complicité, de clin d'œil, entre ceux qui « font » l'humour et ceux qui le consomment.

Discours Raisonnement, analyse. *Si je suis bien ton discours, ma démarche* est carrément* glauque** (si je suis bien ton analyse, mon idée ne me mènera nulle part).

Dombi Verlan* de *bidon*. Un *dombi total** est tout aussi bien un frimeur qu'un nullos*, qu'un ringard*. *C'est dombi* sera toujours préféré à *c'est bidon* ou, pire encore, à *je n'y crois pas!* Si beaucoup de mots (de deux syllabes) peuvent se dire théoriquement en verlan*, *bidon* est un de ceux qui le sont le plus systématiquement.

Down En anglais : au fond, en bas. A pris, en français branché, le côté « condition psychologique défavorable » (comme, en anglais, *I'm down*). « Comme toujours chez Bertrand Blier, explique Gérard Depardieu dans *Libération* du 10 mai 1986, à propos du film *Tenue de soirée,* il y a trois ou quatre fins. Ce n'est pas qu'il ne sait pas finir, c'est qu'il ne veut pas en finir. En plus, quand il veut finir, c'est toujours *down.* Alors j'ai dit arrête, y'en a marre d'être toujours au fond. »

Dreadlock Nom donné aux cadenettes portées par les *rastas* (voir ce mot) ou toute autre personne. Par extension, tend, chez les jeunes surtout, à remplacer *tresse* ou *natte,* même quand ces mots font parfaitement l'affaire.

Dur (et non *dur-dur,* expression qui connut son époque glorieuse entre 1979 et 1982, pour disparaître aussitôt après) Impitoyable, sans concession, voire : dans l'erreur. Ainsi, *tu es un peu dur,* ou pire *tu es très dur,* peut tout aussi bien signifier « tu ne fais pas de cadeaux » que « tu racontes n'importe quoi ». Seul le contexte permet de faire la différence. Autres sens : 1° Pénible, pas drôle, coincé*, chiant. *Ah non! Dur, ton plan*, j'vais t'dire*!*

(ton projet ne m'enchante guère). 2° Vraiment pas marrant (là encore, anciennement *dur-dur!*). « Dur » est le titre de l'éditorial de Jean-Pierre Lavoignat sur la mort de Coluche dans *Première* de juillet 1986.

E

Ébouriffant Étonnant, un peu « fort de café ». « Qu'un ministre de l'Intérieur ait osé déclarer que les journalistes de télévision ont une responsabilité particulière car ils sont la voix de la France, voilà qui est proprement *ébouriffant* ! » (*Télérama* du 30 juillet 1986).

Éclat L'art et la manière de s'éclater (ou de se défoncer*). *Ton cuir, c'est l'éclat!* (ton blouson est superbe), cite *le Nouvel Observateur* lors d'une enquête en décembre 1982 sur le langage des lycéens. Synonyme le plus commun : *le pied**. • S'ÉCLATER : se faire plaisir, s'envoyer en l'air au sens le plus large. Yves Mourousi, star de télé : « Je veux *m'éclater* dans tout ce que je fais » (*France-Soir* du 15 mai 1986).

Écolo Abréviation de *écologiste*. Désigne toute personne qui, de près ou de loin (le plus souvent de loin), se pose en défenseur de la nature et de l'environnement. « Jeune homme,

30 ans, éducateur spécialisé, esprit *écolo*, amour enfants, passion chevaux. Quelle fille sympa de la Manche ou du Calvados veut bien m'écrire pour lier amitié, plus si possible ?... » (petite annonce parue dans *Libération* du 21 décembre 1985).

Effet Il y a bien *l'Effet Glapion* d'Audiberti. Alors pourquoi pas d'autres ? Beaucoup d'autres. Car aujourd'hui, les *effets quelque chose* courent les rues. Le magazine *Première* de juin 1986, traitant du festival de Cannes et de ses retombées, ne peut s'empêcher de titrer : « L'effet Cannes. » Quant à la politique, on ne compte plus les *effets* de toutes sortes (*effet Chirac, effet Rocard,* etc.). « Il apprécierait qu'on le regrette, mais, hélas pour lui et pour l'équipe qui travaille à son image, s'il y a un *effet Fabius,* il est pour l'instant répulsif », explique *le Figaro Magazine* du 21 juin 1986 dans un article consacré à l'ancien Premier ministre. « La victoire de l'effet Maradona », titre *Libération* le 30 juin 1986, au lendemain de la victoire de l'Argentine en Coupe du monde.

Égo Terme éminemment cartésien bien vu des intellos*. Désigne le moi lorsqu'on désire parler de soi avec une froideur de technicien. *Tu flattes mon égo* peut se dire, pour faire plus simple : *Tu me fais plaisir.* Mais peut-être cela fait-il décidément trop simple ? • ÉGO-TRIP : égocentrisme. *Il est dans un égo-trip perpétuel* (c'est un égocentrique forcené).

Eighties De l'anglais *eighty,* quatre-vingts. On dit donc les *eighties* (les années quatre-vingt) comme les *fifties* (les années cinquante), les *sixties** (les années soixante) ou les *seventies* (les années soixante-dix).

Elpé (prononciation à l'anglaise : *elpi*) De LP, abréviation de *long playing record* : disque 33 tours. Un *elpé d'enfer*,* c'est donc en principe un bon disque. « Le walkman me déverse dans les oreilles le dernier *elpé live* des Talking Heads » (Frédéric Lasaygues, *Vache noire, Hannetons et Autres Insectes,* Éd. Barrault, 1985). *Elpé live :* disque enregistré en public, bien entendu.

Enceint Espèce de mythe se développant réellement à partir de l'an de grâce 1986, selon lequel un homme pourrait, par implantation du fœtus, être *enceint.* Élisabeth Badinter, auteur de *L'un est l'autre,* Éd. Odile Jacob : « Les hommes *enceints,* c'est pour demain » (*Marie-Claire,* mai 1986).

Enfer *C'est l'enfer* est une expression passe-partout qui peut aussi bien signifier, suivant le contexte, « c'est affreux » ou « c'est génial ».

Disons que cela peut se traduire par « c'est insoutenable » (tellement c'est bon, ou tellement c'est horrible). *Un enfer :* idem. *Cette femme est un enfer.* • D'ENFER ou DE L'ENFER : exceptionnellement bon ou exceptionnellement mauvais. *Un plan* d'enfer* peut donc être « positivement génialoïde* » ou « une galère* pas possible ». Entendu pendant les derniers Internationaux de France de tennis de Roland-Garros : *Noah exécute un passing d'enfer* (un passing-shot particulièrement réussi).

Éponge Alcoolique invétéré. Voir *alcoolo.*

Éteindre Anéantir. *Ça m'éteint complètement* (je ne sais plus que dire ni que faire). Syn. *out. Je suis complètement out* (attention, *out* peut aussi signifier « pas dans le coup », « démodé » ; seul le contexte permet de faire la différence).

Évident *C'est pas évident,* avec *à la limite** et plus anciennement *dur-dur,* est une des expressions les plus connues du parler branché *eighties*. C'est pas évident* signifie à la fois « ce n'est pas si facile, ce n'est pas certain, ce n'est pas clair » et, tout simplement, « c'est pas dans la poche ». Certains affirment qu'il faut voir là la traduction mot à mot de l'anglais *there's no evidence that...* (il n'y a pas de preuve, il n'est pas prouvé que...). D'autres penchent davantage pour un simple contre-pied d'un tic de langage beaucoup plus ancien consistant à mettre des *évidemment* à chaque coin de phrase. « Répondre en français à un partenaire qui parle allemand, ce n'est pas *évident* », déclare non sans un certain bon sens le comédien Georges Beller au journal *France-Soir* en mai 1986.

Exo (parler jeune, lycéen) *Exercice* (et non *exonération*). *Ce gol* de prof nous a filé un exo hyper-deb** (notre professeur, dont, à mon avis, les compétences sont fort discutables, nous a fait faire un exercice absolument sans intérêt).

F

Fabuler Élaborer des fabulations (événements imaginaires auxquels on croit dur comme fer). Trouve l'origine de son utilisation branchée dans le vocabulaire psychanalytique : se raconter des histoires et éventuellement vouloir en faire profiter les autres. NB : Il existait un verbe, en français classique, qui pouvait fort bien faire l'affaire : *mentir* ! Il y en avait un autre, plus familier, et qui tend à tomber en complète désuétude : *baratiner.* Syn. *affabuler.*

Faf Survivant du vocabulaire pré-baba*, époque Nanterre 68 (où commencèrent les fameux événements) : abréviation de *fasciste.* Par (curieuse) extension : toute personne de droite, ou de sensibilité conservatrice, par essence suspecte (pour les gens dits « de gauche » et donc « progressistes »).

Faire fort Réussir un joli coup, avec éclat et retentissement. Autres sens : 1° Insister lourdement, revenir constamment à la charge, casser les pieds avec... quelque chose. 2° Ne pas faire de détail. • Sur le même modèle, FAIRE LONG : délayer, traîner inutilement en longueur.

Faire problème Tout ce qui est obstacle ou perçu comme tel, toute difficulté (que ce soit dans la vie quotidienne ou qu'il s'agisse des plus oppressantes angoisses métaphysico-socio-culturelles) *fait problème,* ou *pose problème,* ou encore *pose question.*

Faire tourner Vient de la drogue (à l'origine : *faire tourner le joint,* le faire passer au suivant). Par extension : penser aussi aux autres, faire suivre quelque chose, faire passer (un mot, une lettre, etc.).

Fantasme Origine psy*. Représentation inconsciente. Situation imaginaire mettant en scène le sujet accomplissant un désir de façon plus ou moins déguisée. Aujourd'hui, ce mot signifie à peu près n'importe quoi dans la fourchette allant de « envie » à « rêve », en passant par « désir », « obsession », « préoccupation », « idéal », etc. Le branché n'a pas envie de *manger un bon bifteck,* il *fantasme sur un steak.* On peut aussi faire sa déclaration à une jolie femme en lui disant, avec un romantisme d'ailleurs discutable, qu'elle est un *fantasme à deux pattes* (qu'elle vous fait rêver et attise votre désir). « Je n'ai pas de *fantasmes* particuliers, et en même temps, je les ai tous ! » (annonce parue dans *Libération* le 17 mai 1986).

Fanzine Contraction décontractée de *fan* (fanatique, dingue de) et de *magazine*. S'inspirant de modèles pêchés dans la presse underground américaine, les *fanzines* sont des journaux bricolés à peu de frais par des fanatiques de rock, de BD*, de cinéma ou d'autre chose, tirés à cinquante ou cent exemplaires, rarement davantage, et que l'on peut trouver (parfois au prix « amical » de 10 francs) dans certaines librairies « mécéniques » parisiennes. *La Fausse Bobine* est un des *fanzines* (branché ciné) parisiens les plus connus.

Fast-food Les *fast-food* sont des établissements de rcstauration rapide à base de hamburgers (parfois appelés SDINI : sandwiches dégoulinants aux ingrédients non identifiés), dont le nombre augmente sans cesse. Implantés partout dans le monde, ils permettent de manger exactement la même chose de Paris à New York, en passant par Stockholm, Valparaiso, Berlin, Melbourne, Aix-en-Provence et Hong Kong. Après avoir appelé ces restaurants des *bouffe-vite,* certains préfèrent aujourd'hui le mot *restaupouce* (restauration sur le pouce), inventé par une petite fille de onze ans répondant à un concours lancé par Philippe de Saint-Robert (commissaire général de la langue française) en février 1986 sur le thème « Comment franciser certains mots anglais par trop envahissants ». Mais le mot *fast-food,* n'en doutons pas, a encore de belles années devant lui !

Fauchman Fauché, sans-le-sou. Serge Gainsbourg, dans une interview au mensuel chicos *Globe,* en juillet 1986 : « Avec un art majeur, on est seul, on est un visionnaire, on est *fauchman,* à moins que l'on ait droit au blé de quelque mécène. »

Féca Un des verlans* les plus utilisés dans les années 1984-1985. Mérite donc, pour cette raison et pour cette raison seulement, d'être cité : café (la boisson et le lieu).

Feeling En anglais : sentiment. Provient de l'univers musicos*, et particulièrement de la sphère jazz ou rock. « Expressivité musicale des sentiments », dit le *Dictionnaire des anglicismes.* Par extension : à l'instinct. *Je l'ai draguée au feeling* (je l'ai rencontrée simplement, et elle n'a rien fait pour chercher à me plaire. Je l'aime pourtant d'un amour ardent). Voir *vibe.*

Féminitude Ni *féminité* (trop gnangnan) ni *féminisme* (trop ringard* et dépassé). Bâti sur le schéma de *négritude,* exprime la condition féminine et la façon de l'assumer* (sous-entendu : pas forcément drôle tous les jours...).

Fidéliser Jargon radio-télé (entre autres) : fidéliser un auditoire, acquérir une clientèle fidèle. *Le Petit Théâtre de Bouvard,* célèbre émission d'Antenne 2 d'il y a quelques années, avait *fidélisé* près de 15 millions de téléspectateurs.

Fifties Jeune homme (jeune fille) des années quatre-vingt essayant par tous les moyens de se donner l'air de sortir des années cinquante. Le chanteur Jesse Garon, avec son cran à la Bill Haley et ses intonations à la Elvis Presley (période bleue), est un *fifties* type. Syn. *cat.*

Fine Bien, comme il faut, sans faute, habilement. *Bravo, tu l'as jouée fine, là*!* (bien que cela ne fût pas facile, tu t'en es merveilleusement tiré).

Fissurer Être sur le point de craquer*. *Aïe! là, je fissure* (je sens bien que je ne vais pas pouvoir tenir bien longtemps).

Flasher Version-drogue de *avoir un coup de foudre. J'ai flashé sur elle* (j'ai eu le coup de foudre). Voir *craquer.* • FLASH : « sensation brutale et courte de jouissance après l'injection intraveineuse d'une drogue », ainsi que le Larousse nous en informe. Par extension : révélation lumineuse et soudaine de quelque chose, d'un nouveau bonheur.

Flinguer Initialement : tuer avec une arme à feu, en argot. Par extension : casser, démolir quelque chose. *Ça y est, tu m'as flingué l'ampli* (l'ampli de ma chaîne est hors d'usage par ta faute). Synonyme moderne de *bousiller.*

Flippé Personne veule, molle et manquant totalement de confiance en elle, malgré, parfois, une assurance de façade. Le mot *flippé* introduit, dans cette définition du craintif branché, une nuance de pathologie névrotique. • FLIP : angoisse, dépression. « *Flip* à la Bourse », titre fort à propos *Libération* du 27 mai 1986, après l'effondrement des cours, le 26 mai.

Flop En anglais : échec, fiasco. *C'est le flop total*!* « Emploi des jeunes : le *flop* », titre *le Matin* du 21 août 1986. Voir *bide.*

Fluo Abréviation de *fluorescent. Show fluo :* spectacle dans lequel les jeux de lumière, et particulièrement de fluorescence, sont souvent plus importants que le reste (texte ou musique). « Le chanteur Laroche-Valmont avait déjà fait un tabac [succès] avec *T'as le look, coco* et *Ton sign atoi sékoi*. Aujourd'hui, il revient avec une danseuse et un danseur pour un *show fluo* à travers la France » (*France-Soir*, 12 mai 1986).

Folie ou **de folie** (parler minet*) Dingue, dément, incroyable, fantastique. *J'ai un boulot de folie en ce moment* (je suis submergé de travail). Dans *Gorge profonde* (film porno des années soixante-dix, considéré comme un classique du genre), *Linda Lovelace fait une pipe de folie* (Linda Lovelace démontre qu'elle est tout à fait experte dans l'art délicat de la fellation).

Folkeux De l'anglais *folk* (abréviation de *folk-song*), chanson traditionnelle. Chanteur plus ou moins professionnel et plus ou moins hippie*-régionaliste. Pour beaucoup de spécialistes de musique pop, Bob Dylan est vraiment devenu ce qu'il est après avoir subi l'influence du rock anglais (Beatles, etc.) au début des années soixante. Sinon, il serait resté un petit *folkeux*, un Woody Guthrie du pauvre. Pour excessive que soit cette prise de position, elle n'est pas entièrement erronée. En France aussi, nous avons eu nos *folkeux* avec des chanteurs comme Francis Cabrel première manière, Jean-Pau Verdier ou, dans une certaine mesure, Yves Duteil.

Folklo Abréviation de *folklorique.* Original, inattendu.

Fonctionner et **fonctionnement** Période de haute technicité oblige, dans les années quatre-vingt, on *fonctionne* de telle et telle manière, alors qu'avant on *agissait* de telle ou telle façon. Nuance ! « Dis-moi comment tu *fonctionnes,* et je te dirai qui tu es » pourrait faire un fameux précepte revisité* (et branché) eighties* tout à fait présentable. « C'est simple : Giscard est inusable, explique Serge July dans sa chronique sur Europe 1, le 3 mai 1986. Même après usage prolongé, il *fonctionne* comme si de rien n'était. »

Franchouillard Français moyen (donc minable !), vieillot et out. « Mon pauvre ! Mais t'es *franchouillard* jusqu'au bout du béret ! » s'écrie Mireille Darc face à Pierre Mondy dans le film *le Téléphone rose* d'Édouard Molinaro (1975). • FRANCHOUILLARDISE : « Sur quoi le café-théâtre continue-t-il à tirer à boulets rouges ? Sur la télé qui est débile, le couple traditionnel, jugé aliénant, évidemment sur le machisme, et sur la *franchouillardise*-pastis-chevrotine. Bref, un melting-pot* de thèmes post-soixante-huitards relativement éculés » (*le Monde,* 4 décembre 1983).

Frime Au-delà du sens théâtral (faire de la figuration), la *frime* est une façon de tenter, un peu naïvement, de se mettre en valeur, que ce soit verbalement ou par son look*. Toujours d'actualité.

Frustré Personnage caricatural inventé par Claire Bretécher, comme Cabu a inventé ses beaufs*. Le *frustré* est le nouveau petit bourgeois médiocre et affecté, vivant sur l'écume de son époque, un peu snob, un peu bidet*.

Fun En anglais : amusement. *Être fun,* c'est être un peu (ou même beaucoup) adepte du n'importe quoi, partant du principe de base que plus il y a de choses disparates, mieux c'est. Que ce soit dans les tenues vestimentaires, dans le mode de pensée ou de raisonnement, ou les deux à la fois.

Funky Le *funk* étant à la base un terme de musique noire américaine, peut être considéré comme *funky* tout jeune qui, ne faisant pas mystère d'avoir le rythme dans la peau, se promène toute la journée avec un transistor braillard collé à l'oreille et éventuellement des patins à roulettes (il vaut alors mieux dire *roller-skates*).

G

Galère C'est évidemment là que l'on « rame », et... qu'on n'a pas fini de le faire ! *Paris-Match* du 9 mai 1986 fait le jeu de mots du siècle (!) en titrant, à propos du dernier film de Roman Polanski, *Pirates,* présenté au festival de Cannes : « *Pirates* : dix ans de *galère* » (il aura fallu dix ans pour que ce film finisse par se faire). *Putain! La galère!...* (ce n'est pas une perspective tellement réjouissante). • GALÉRER : trimer, peiner, en baver. Voir *craignos* (*ça fait craignos*). Ant. *le pied*, l'éclat**.

Gay Homosexuel mâle. C'est comme cela qu'on les appelle aux États-Unis depuis toujours. Ne pas déduire de ce mot (qui veut aussi dire « gai, joyeux ») que les hétérosexuels ont forcément la queue basse et le moral à zéro.

Géant (parler jeune) Se situe quelque part entre *superblime, canon, génialoïde* et *hyper* (voir ces mots), avec une dose supplémentaire d'enthousiasme.

Génialoïde Caractère de ce qui est *génial* (ou *géant**, ou *beuflant**, ou *dément*, ou *éclatant*...)

Gerber Vomir. Au sens propre, comme au sens moral (un personnage *gerbant* : un beau dégueulasse). • LA GERBE : l'horreur, le dégoût. Pour le baba*, le football, particulièrement lorsqu'il se pratique sous les couleurs nationales, avec hymnes nationaux, *c'est carrément* la gerbe !*

Ghetto Groupe catégoriel quel qu'il soit et susceptible de ne pas faire vraiment l'unanimité. Les homosexuels, dit-on, vivent à l'intérieur du *ghetto homosexuel*, les intellectuels sont retranchés dans le *ghetto intellectuel*, les quelques communistes qui subsistent en France se retrouvent confinés dans le *ghetto communiste*, etc. « Tous les spécialistes disent que vous avez sorti le rock français de son *ghetto* », déclare le présentateur d'« Antenne 2-Midi » à Jean-Louis Aubert, leader du groupe Téléphone, le 9 juin 1986.

Glamour En anglais : charme (et fascination). A acquis en français branché une nuance de sophistication : les artistes (surtout les femmes) *glamour* des années cinquante (Marilyn Monroe, par exemple). *Quel glamour!* (quel charme, quelle beauté, quelle séduction). « Guy de Maupassant, qui revient à la mode ces temps-ci, avait de Cannes une vision plutôt *glamour* : des princes, des princes, toujours des princes. A peine ai-je mis le pied hier matin sur la promenade de la Croisette que j'en rencontrai trois l'un derrière l'autre » (*le Monde*, 9 mai 1986).

Glauquerie Caractère de ce qui est *glauque* (à rapprocher de l'anglais *gloominess*). *Je rame* (ou *je galère*) dans une glauquerie pas possible!* (je ne m'en sors pas). Certains modernes n'hésitent pas à parler de *glauquerie glauque*, un peu comme Rimbaud évoquait les « vieilles vieilleries ».

Godillante Se dit d'une femme sexuellement incitative (qui fait *goder* ou *bander*). Excitante. « Tu sais qu't'es mignonne, dans ta petite combinaison ? Tu serais même *godillante!...* » dit Gérard Depardieu à Miou-Miou dans le film de Bertrand Blier *Tenue de soirée* (1986). A la différence d'*agaçante**, *godillante* peut s'utiliser au masculin. Un homme pourra donc être jugé *godillant* par une femme, ou par un gay*, bien évidemment!

Gol (parler minet*) Abréviation de *golmon*, verlan* de *mongolien*. Donc : idiot.

Gonfler Ennuyer par sa présence. *Tu nous gonfles!* (tu nous embêtes) est un raccourci de l'expression typiquement masculine *tu nous les gonfles!*

Gourou Sage indien. Maître spirituel. Maharishi Mahesh Yogi fut l'un des gourous les plus célèbres du monde pour avoir enseigné aux Beatles les rudiments de la « méditation transcendantale », avant que ceux-ci ne le congédient en apprenant que les buts dudit gourou étaient en fait de se livrer à un tout autre style de pratique sur leurs femmes et petites amies. Sens figuré : toute personne se donnant des allures de chef ou de fondateur de quelque chose (ou à qui l'on attribue ces qualités de chef). Romain Bouteille, « patron » du Café de la Gare et fondateur du genre café-théâtre dans l'acception actuelle du terme, est souvent appelé *le gourou du Café de la Gare*. Jadis, on aurait dit *le grand manitou*. NB : On peut, mais avec une nuance beaucoup moins sympathique, remplacer *gourou* par *ayatollah* (référence au chef du réveil islamique en Iran et maître de ce pays, l'ayatollah Khomeiny, dont on a beaucoup parlé dans les médias*).

Goyot Plouc. Cité triomphalement par *Pariscope* comme néologisme branché reconnu en octobre 1985. Plusieurs origines possibles, dont la plus vraisemblable semble être *goyau*, mot d'origine picarde désignant une espèce de galerie dans laquelle on ne peut se déplacer qu'à genoux ou en rampant, et non le yiddish *goy* (non-Juif). NB : Rien à voir, donc, avec l'argot classique *goyau*, pute de bas étage.

Grandissime Caractère de ce qui est plus que *grand* (ce mot étant utilisé dans l'acception anglaise du terme : grandiose). Grandiose parmi les grandioses, ce qui est *grandissime*, disons-le quand même, est bien souvent en réalité quelque chose qui est digne d'intérêt. Sans plus. Mais le français branché ne fait pas dans la nuance !

Gratte Guitare. Largement utilisé depuis des temps immémoriaux, mais remis au goût du jour dans les années hippies* soixante-dix, où les grattouilleurs de guitare, spécialistes du « trois accords avec approximation à la clé », furent légion.

Groupie A l'origine : minette suivant les groupes pop (d'où son nom) pour obtenir non seulement des autographes, mais un peu tout ce qu'un héros de la scène rock peut proposer à une jeune fille en mal de sensations. Par extension : toute personne qui éprouve pour une autre une admiration sans bornes et souvent mal placée.

Guts En anglais : boyaux, tripes. *Ne pas avoir les guts* (prononcer à l'anglaise : *gats*) *de faire quelque chose* : ne pas se sentir le courage de faire quelque chose. *Il a pas les guts!* (il manque d'envergure, il ne fait pas le poids).

H

Halluciner *Là, j'hallucine total** (vraiment, je ne comprends pas, un peu comme si j'étais sous l'effet d'un hallucinogène quelconque).

Hard En anglais : dur. Est *hard* ce qui est excessif, et vaguement angoissant, par voie de conséquence. Autres sens : 1° Diminutif de *hard rock*. 2° Diminutif de *hard porn* (ou pornographie dure), qui s'oppose naturellement au *soft* (voir ce mot).

Hardeux Rien à voir avec les hardes, bien que le *hardeux* ne soit pas particulièrement scrupuleux au niveau de la netteté de ses oripeaux. Vient tout simplement de *hard** (pour *hard rock*) et désigne les gens d'apparence *hard rock* (cheveux longs, complet jean, badges, santiags). Voir *baba-hard*.

Hectic (avec, impérativement, un *c*) De l'anglais *hectic* (provenant lui-même du français *hectique*) : fébrile, agité, mouvementé. *En* *ce moment, je vis assez hectic* (mon existence est assez bousculée en ce moment).

Herbe Cannabis en feuilles, réputé totalement inoffensif. On dit aussi *beu.*

Hippy ou **hippie** Terme glorieux au début des années soixante-dix et fortement péjoratif dans la seconde moitié des années quatre-vingt. Vient de l'adjectif *hep*, être dans le vent, *hep* devenant rapidement *hip*, diminutif de *hipster* (beatnik). Cet adjectif était à la mode chez les beatniks des années cinquante et tomba dans l'oubli avant d'être repris par le mouvement psychédélique. Pour en savoir plus sur l'acception moderne de ce mot, voir *baba.*

Homo planans Drogué chronique ordinaire (évidemment bâti sur le schéma *Homo sapiens*). « L'*Homo planans* a de qui tenir », titre *Actuel* de juillet 1986 avant d'expliquer : « Le jaguar d'Amazonie aime le vaje, le sanglier d'Afrique croque l'éboga, l'éléphant se précipite sur l'alcool. Les animaux, tous des drogués ? »

Hurler de rire Quand on ne *dérilarynxe** pas encore, mais qu'on *rigole un bon coup* (à ne jamais utiliser, ça fait terriblement plouc), on *hurle de rire*. Éviter également *éclater de rire,* qui est un poil ringardos*. *Un spectacle à hurler de rire,* c'est un spectacle comportant des passages amusants. Sans plus.

Hyper (parler minet*) De même que l'hypermarché est plus grand que le supermarché, tout ce qui sera « encore plus que super » sera classé d'autorité *hyper. C'est hyper* remplace avantageusement l'obsolète *c'est super,* à plus forte raison le préhistorique *c'est dingue.* Seuls rivaux connus à l'heure où nous mettons sous presse : *c'est sauvage, galactique, canon*,* ou *superblime** (au choix).

Hystéro Hystérique. A « accrocher » sur toute personne que l'on juge un peu trop nerveuse à son goût.

I

Imploser Éclater (de colère) comme un vulgaire poste de télé usé et à bout de course. *J'en peux plus, là*, j'implose total*!* (je sens qu'à force je vais finir par éclater – ou... exploser – de colère).

Inconscient collectif Terme d'origine freudienne archi-connu quasiment incontournable* de nos jours dans toute conversation entre gens fréquentables. « *L'inconscient collectif* des peuples, ça existe », titre *le Figaro Magazine* du 14 juin 1986 à propos de l'élection de Kurt Waldheim à la présidence de la République autrichienne.

Incontournable Remplace dans tous les cas *inévitable.*

Induire « Raisonner par induction », dit le dictionnaire. Mais, en français branché, *induire* remplace progressivement mais sûrement des verbes comme *impliquer, supposer* *que, entraîner que* et même... *déduire que* ! « Pourquoi le fait que les jeunes se jettent en masse sur les bandes dessinées *induirait*-il à coup sûr qu'ils soient plus bêtes que les générations précédentes ? »

Intello Intellectuel, mais, surtout, qui cherche à se donner des airs d'intellectuel, de gauche bien sûr (car, de 1968 à 1980 environ, il était admis qu'il ne pouvait pas en exister d'autres). « Face à la crétinisation et à l'abrutissement proprement scientifiques, technocratiques, éconocratiques, bureaucratiques, les *intellos* ont pris en charge les idées générales, génériques, généreuses laissées en friche, ou purement et simplement laissées au broyeur » (*Pour sortir du vingtième siècle*, cité par la revue *Lire* en septembre 1982).

Interaction « Influence réciproque », dit le Larousse. Ce sont les informaticiens qui nous ont convertis au dialogue *interactif* avec l'ordinateur. *Interaction* sous-entend la réciproque dépendance des deux partenaires (au sens le plus large du terme). L'apprenti philosophe peut, s'il en a envie, se poser la question de savoir s'il y a ou s'il peut y avoir *interaction* de la technique et de la culture, du signifiant et du signifié, du probable et du possible, ou... de ce qu'on voudra et de son contraire. On dit aussi : *interactivité*.

Interférer Signifie, chacun le sait, produire des interférences, et non (comme l'anglais *interfere*) intervenir. *Interférer dans un débat*, comme le rappelle aimablement *le Quotidien de Paris* du 22 juillet 1985 dans un article sur l'Académie française, ne peut donc en aucun cas s'employer impunément.

Interpeller Le branché se dit toujours *interpellé quelque part* (voir ce mot) *par quelque chose*. Plus simplement, il se sent *sollicité* par quelque chose qui s'impose à son attention. Le tiers-mondiste se sent *interpellé* par la famine en Afrique. (Il pourrait se sentir simplement *touché* ou *ému* par ce phénomène, mais ces derniers mots sont trop chargés de sensiblerie pour lui, qui se considère presque comme un technicien de la lutte contre la faim.) L'ancien Premier ministre Laurent Fabius, à l'émission d'Antenne 2 « L'Heure de vérité » du 8 janvier 1986, déclarait pour sa part, au sujet de la visite du chef de l'État polonais, le général Jaruzelski, au président François Mitterrand (visite qui n'a pas fait plaisir à tout le monde) : « C'est un voyage qui, comme beaucoup de Français, m'a *interpellé*. »

Inventivité Faculté d'inventer (voire, par extension, aptitude au fantasme* délirant). Une *hyperinventivité au niveau* créativité** ne sera donc pas autre chose qu'une étonnante faculté d'invention.

Investir (s') S'emploie, dans les années quatre-vingt, beaucoup plus au niveau psychologique qu'au sens strictement économique. *S'investir complètement dans quelque chose :* se lancer dans un projet, ou un combat, toute affaire cessante ou presque. Celui qui prétend *s'investir dans quelque chose* insiste quand même (mais sans trop en avoir l'air) sur le fait qu'il paie de sa personne. Le magazine *Lire* de septembre 1982 cite une interview de la journaliste (et femme de lettres) Catherine Clément à *Pariscope* à propos de son essai sur la culture *Rêver chacun pour l'autre*: « Ce n'est ni un livre de commande ni un livre officiel, dit-elle. Je me suis *investie* par la plume et par la pensée. »

Iroquois Nom donné aux partisans de la coupe de cheveux hérissée sur le crâne, avec les tempes rasées (voir *coq*). *Iroquois* ne fait pas seulement référence à l'option capillaire, mais au sens fortement tribal de ceux que ce mot désigne, et qui, parfois, ne dédaignent pas le tatouage, la boucle d'oreille et la (ou les) plume(s) disposée(s) aux points jugés stratégiques de leur anatomie.

J

Je dirais Tic de langage. Se place en début de réponse à une question pour faire croire que l'on a consciencieusement pesé chaque terme de sa réponse (car on en mesure la portée, et même la gravité). Le 2 juin, à l'émission « Télé-Matin », la journaliste Loly Clerc déclare, répondant à une question à propos d'une exposition nostalgique sur les années soixante à Jouy-en-Josas, dans la région parisienne : « La pilule avec un grand P, dans les années 1965-1966, met la femme, *je dirais*, dans une autre perspective. »

Jeter Se débarrasser de quelqu'un. *T'es pas avec ta loute ? – Je l'ai jetée !* Autre sens : *Je me suis fait jeter !* (on ne m'a pas reçu). • JETÉ : voir *allumé, déjanté.*

Jité (littéralement : JT) Abréviation de *journal télévisé.*

Joint Cigarette de marijuana ou de hasch,

confectionnée en forme de cône et munie (parfois) d'un embout en carton. Syn. *pétard*.

Joker (prononcer *djôké*) De l'anglais *to joke*, plaisanter, blaguer. *Tu jokes, là*, ou quoi ?* (tu veux rire, sans doute).

Junkie Habitué des drogues dites « dures ». Par extension : marginal présentant un certain état de décrépitude tout à fait préoccupant, dont on peut légitimement se demander s'il ne devrait pas envisager d'arrêter les drogues (pastis inclus).

J'veux dire Tic inévitable dans toutes les conversations branchées : *Tu vois, j'veux dire, à la limite*, je crois que je l'aime quelque part*, j'vais t'dire !* (je pense que je suis sur le point de succomber à son charme). • J'VAIS T'DIRE : n'apporte rien, mais se place systématiquement en fin de phrase, alors que, précisément, tout ce qui devait être dit l'a été (en principe)... • J'TE DIS PAS : fine remotivation de la vieille formule *je ne vous en dis pas plus !* L'idée est que la chose est jugée trop extraordinaire pour que l'on ait envie, ou le courage, de la décrire. Se place aussi en fin de phrase : *C'était une galère*, j'te dis pas !*

K

Keum Un des verlans* les plus connus et les plus utilisés : *mec.*

Kiki « Cheveux ras coupe Tintin, vieux jeans trop larges, casquette de docker vissée à la diable sur la tête », telle est la définition donnée par *Actuel* en octobre 1986.

Killer En anglais : tueur. D'une redoutable efficacité : *c'est killer.* • KILLERIE : nom féminin caractérisant tout ce qui est proprement incroyable, effarant, inattendu, renversant, dingue, estomaquant. *T'as vu l'canon* ? Genre de killerie, j'vais t'dire* !* (As-tu remarqué comme cette fille est belle ?)

L

Là ! Encore un tic de langage inévitable dans un peu toutes les conversations et qui n'ajoute strictement rien à la qualité – si qualité il y a – de la démonstration entreprise. « Eh, Jean-Pierre, t'es encore là ? – C'est qui ? – C'est moi, François. J'te dérange ? – Ah ! Bon ben écoute, on n'est plus aux pièces, *là !* – J'peux t'voir deux secondes, *là* ? C'est personnel, *là !* » (extrait de la pièce *les Chantiers de la gloire*, de Philippe Bruneau, Luis Rego et Martin Lamotte, jouée en septembre 1979 au théâtre de l'Atelier à Paris).

Langue de bois Expression aujourd'hui fort répandue, signifiant tout bonnement « blabla ». Elle s'est d'abord appliquée au langage de la politique, d'autant plus « raide » qu'il est souvent obscur et sans chaleur.

Lapsus Attention, il vous guette ! Et à tous les coins de mot ! Et les babas* freudiens vous l'ont assez répété : tout *lapsus* est nécessairement révélateur de votre nature profonde. Il n'y a pas à discuter. C'est comme ça. Pas une erreur, pas une langue qui fourche, pas une confusion, bref, pas une « glissade » qui soit innocente. Le *lapsus* révèle votre moi profond. Roulez tambours ! Que penser de celui qu'a commis la présentatrice du journal de TF1 Marie-France Cubadda quand, le 6 juin 1986, rendant compte du procès d'Antoine Recco, un pêcheur de Propriano accusé d'avoir tué deux jeunes filles après avoir tenté d'abuser d'elles, elle a dit : « Antoine Réqueue... pardon, Recco » ?... Simple exemple, là encore, parmi des milliards, bien entendu...

Libéré Origine psychanalytique, section « grande surface ». Se dit de toute personne qui a su (apparemment du moins, mais c'est cela qui compte...) se libérer de l'affreux carcan de certains tabous*. *Une femme, un mec libéré. Je ne suis pas assez libéré avec les femmes :* cette poignante autocritique qui « sonne » très baba-cool* peut tout aussi bien se traduire par « Je suis un garçon plutôt timide avec les femmes ». Évidemment, cette seconde formulation enlève la connotation intello* implicitement contenue dans la première. « Être une femme *libérée*, c'est pas si facile », dit une chanson célèbre en 1985.

Linguebur Verlan* de *burlingue*, lui-même

argot de *bureau.* • LINGUEBURER : *lingueburer à longueur d'année,* c'est être enfermé dans un bureau (sous-entendu : à faire des tâches ingrates et, naturellement, indignes de soi...) à longueur d'année.

Loft En anglais : grenier. Ancien entrepôt ou local commercial transformé en logement. Était très à la mode jusqu'en 1984-1985.

Look En anglais : apparence, aspect, allure, dégaine. Par extension : image, esthétique. « Je ne fais pas de la musculation pour avoir un *look*. Je choisis des rôles pour lesquels la forme est primordiale » (Gérard Lanvin à *Paris-Match,* le 10 octobre 1986). En français branché courant, le *look* est ce petit quelque chose en plus qui fait qu'on se met à exister pour celui qui ne jure que par l'apparence. « Contre le franglais, le français lifte son look », titre *Libération* du 14 novembre 1985 à propos d'une réaction ministérielle quelconque à la « dictature » de l'anglais. « FR3 change de ton et de *look* », explique *le Quotidien de Paris* du 26 avril 1986 dans un article sur les changements de la troisième chaîne. NB : *Si le look ne fait pas forcément le branché, il fait souvent le bidet** (vieux proverbe français revisité*). • LOOKÉ : *looké d'enfer*, looké à mort*, looké ringardos*, looké sixties*,* etc. Être *looké* est absolument indispensable, au cœur des années quatre-vingt. Malheur au *sans-look*.

Loser En anglais : perdant. Attention à l'orthographe (les Français l'écrivent de plus en plus souvent avec deux *o*, ce qui est proprement impardonnable). Ant. *battant, gagneur*.

Loub Simple abréviation de *loubard* (mauvais garçon). NB : On peut dire *un loubs* (avec un *s*) comme on peut dire *un debs** (débile, minable), sans qu'aucune règle ne vienne étayer cet usage.

M

Macho Mot espagnol signifiant « mâle ». Adopté par les féministes échevelées des années soixante-dix pour désigner les hommes, qui, chacun le sait, sont tous des *machos* au premier, au deuxième* ou au cent quatre-vingt-cinquième degré.

Majorité silencieuse Formule à la limite* pléonastique, puisque, par définition, pour le branché, la *majorité* – méprisable, stupide mais inébranlable – est *silencieuse*. Le *beauf* (voir ce mot) est l'incarnation de la *majorité silencieuse* et de l'idéologie dominante. • LE MAJORITÉ-SILENCIEUSE (le personnage de type *majorité silencieuse*) se distingue du BCBG* par le fait que sa démarche ne se situe aucunement par rapport à la mode, dont il n'a strictement – affirme-t-il – « rien à foutre ». On reconnaît aisément le *majorité-silencieuse* (au-delà de son look* grisaille-muraille) à ceci qu'il confond, lorsqu'il parle d'un jeune, ces deux notions, pourtant fondamentalement antinomiques, que sont « mode » et « originalité ». Pour faire jeune, il dira volontiers que le skin* est *original,* alors qu'il court les rues (surtout du côté des Halles). D'ailleurs, tout ce qui ne lui ressemble pas (donc toute mode) est réputé *original.*

Malaise! ou **y'a malaise** ou **genre de malaise** Commentaire se situant à la fin d'une phrase pour insister sur le côté gênant d'une situation donnée. Syn. *mal* (*Là, on est mal, là*!* on n'est pas sorti de l'auberge.)

Marcel Petit ami. *C'est mon marcel.* Ce doux prénom masculin un peu kitsch tend à remplacer *jules* qui, il faut bien le reconnaître, a beaucoup servi.

Marche à l'ombre Expression argotique signifiant : « Ne te fais pas remarquer » (jadis, on aurait dit : *écrase*), remise à la mode par le chanteur Renaud (« Casse-toi, tu pues, et *marche à l'ombre* »), puis par le film de Michel Blanc portant ce titre, sorti en 1984.

Maso Abréviation de *masochiste.* « Si tu es une femme douce, un brin *maso,* souhaitant une relation forte, tu es celle que recherche un homme de 38 ans, ingénieur, libre, disponible, allure sportive » (annonce parue dans *Libération* du 17 mai 1986). Toute personne au tempérament naturellement conciliant est soupçonnée par le branché d'être *maso*. • SADO-MASO : sado-masochiste (l'un n'allant évidemment pas sans l'autre). L'annonce ci-dessus est donc d'une tonalité globalement *sado-maso*.

Matos Argot d'origine musicos* et en vogue chez les techniciens de la radio et de la télévision. Matériel. *Un sacré matos, un matos canon*, un matos d'enfer* :* un matériel de toute première qualité.

Max Abréviation de *maximum*. *Je flippe un max!* (je me sens de plus en plus angoissé). *Il assure* un max!* (il est d'une remarquable compétence).

Media devenu **médias** Pluriel de *medium*, en latin, mais surtout abréviation de l'anglais *mass-media* (ensemble des moyens d'information). Désigne aujourd'hui, pêle-mêle, la télé, la radio, la presse écrite – surtout de grande diffusion – et un tas d'autres choses, comme on peut le constater à la lecture de la rubrique « Médias » du numéro du 29 août 1986 de *Libération*, où l'on relève les titres suivants : « La vidéo crève l'écran aux États-Unis », « Les bandes vierges taxées », « Une rentrée dans la continuité pour RTL », « La presse veut entrer dans le poste » et « Les répondeurs sexy voient la vie en rose (déjà très prospère à Paris, la DGT va étendre le marché des répondeurs pornos à la province) ». Quant à Bernard Pons, président de Paris-Câble, il explique à la presse, en juin 1986 : « 1er octobre 1986 : le câble à Paris, un nouveau *média.* »

Mégalo Abréviation de *mégalomane.* S'il avait été branché avant la lettre, Gérard Oury aurait pu intituler *Mégalo* son film *la Folie des grandeurs*. *Mégalo* est l'un de ces petits adjectifs abrégés en *o* qui ont fleuri çà et là pendant les années soixante-dix (origine psy*). Idem pour *mytho* (mythomane), *schizo* (schizophrène), *parano* (paranoïaque). Ainsi, toute personne n'accordant pas facilement sa confiance à autrui sera immanquablement considérée comme *parano* par le branché type.

Megra ou **meugre** Verlan* de *gramme.* Vient de l'argot-drogue. *Cinq megras de blanche ou de coke**. Par extension, désigne toute petite quantité indispensable de quelque chose. *T'as pas pour trois megras de jugeote* (tu n'as pas lourd de bon sens).

Melting-pot En anglais : creuset. Désigne tout mélange, toute mixité ou tout métissage, de quelque sorte qu'il soit. Cf. le célèbre lieu commun : *Les States sont un immense* *melting-pot* (les États-Unis sont le résultat ou la résultante d'un grand brassage de cultures et de races).

Mémoire collective Expression fourre-tout popularisée par les babas* dans les années soixante-dix désignant tout ce qui tend à s'insérer dans la culture d'une génération ou d'une époque. Jean-Louis Trintignant, à l'émission de télé « Mardi-Cinéma », le 13 mai 1986 : « *Un homme et une femme* est un film appartenant à la *mémoire collective* » (cette déclaration n'engage que lui...).

Meuf Verlan* de *femme*. Très utilisé chez les lycéens des mid-eighties (milieu des années quatre-vingt), qui ne semblent pas s'émouvoir outre mesure de l'horreur de la consonance de ce mot. Une *meuf canon** : une femme avec laquelle on aimerait bien, une fois pour toutes, porter le coup de grâce à son œdipe.

Meule Déjà anciennement utilisé pour *moto, mobylette*. Hyperemployé dans les conversations des jeunes pour la seule raison qu'ils en sont pratiquement tous pourvus.

Mickey Ringard*, blaireau*. Au premier degré, Mickey, le petit personnage de Walt Disney, apparaît comme fort sympathique et attachant. Surtout aux yeux des enfants. Mais

il peut prendre des allures d'allumé* supergol* (cinglé et pas très malin) au second.
• MICKETTERIE : niaiserie, bêtise, bévue, erreur grossière; en un mot : connerie. *Et que celui qui n'a jamais fait de micketteries me jette la première pierre.*

Minet Expression née dans les années soixante (dans une chanson restée célèbre, le chanteur Jacques Dutronc évoquait, en 1967, « les petits *minets* qui mangent leur Ronron au drugstore »). Désigne les jeunes frimeurs légers, non excentriques et un brin vulgaires.
• MINETTERIE : caractère de ce qui est *minet*.

Miso Simple abréviation de *misogyne*. Tout macho* est évidemment *miso*. Mais tout *miso*, en revanche, ne se comporte pas nécessairement en macho.

Molletonné Introverti, timoré, inhibé ou seulement circonspect (avec une vague nuance de mépris).

Motiver Remplace systématiquement *donner envie de faire quelque chose. Ça me motive quelque part** (j'ai envie de faire cela). Ant. *démobiliser*.

Mouvance « Caractère de ce qui est mouvant », dit le Petit Robert. Le français branché use et abuse de la (ou des) *mouvance(s). C'est pas dans la mouvance!* (ce n'est pas à la mode, ce n'est pas dans l'air du temps). Voir *Télé-Star* du 9 août 1986 : « Jeanne Mas, c'est déjà le look* complètement* *destroy** (ce maître-mot de la *mouvance* punk* signifie "détruire"). »

Musicos Musicien (sous-entendu : de second, ou troisième... ordre). S'écrit impérativement, à la différence de l'argot, avec un *s* final que l'on prononce même au singulier.

Must Du verbe défectif anglais *must,* devoir (avec nuance d'obligation morale). *This record is a must :* c'est un disque indispensable. Par extension, le *must,* c'est ce qu'il faut savoir, connaître, avoir lu, ou vu, ou entendu, ou expérimenté, pour afficher son branchement et lancer son mépris au visage des ringards*. « Vacances : les *must* de l'été », titre *le Point* du 23 juin 1986 à propos d'un article indiquant les meilleurs romans pour l'été.

N

Napy « Les *napies,* explique Prosper Assouline dans *Pariscope* en mai 1985, c'est la nouvelle génération des BCBG*. Ouverts à toutes les nouveautés, ils sont modernes (pas de cravate, mais une belle pochette, des chaussures impeccablement cirées, un pantalon suffisamment court pour faire entrevoir les losanges des Burlington ; elle, des chaussures plates Carel pour remplacer les Céline qui rappellent trop les vêtements de maman). Leur passion commune : la communication et leur look*. » Origine du nom : NAP pour *Neuilly, Auteuil, Passy.* Ils aiment se retrouver dans les bars d'hôtels (Meurice, Crillon, Bristol, par exemple), lisent peu mais aiment faire « lettré ». D'après Prosper Assouline, Frédéric Mitterrand, François Léotard et Christine Ockrent peuvent être considérés comme des *napies* types.

Naze Cassé, foutu. Pour une personne : fêlé, allumé*. Ce terme d'origine argotique est très utilisé en français branché courant.

New wave Littéralement : nouvelle vague (post-punk*) en anglais. La normalité (avec look* ambigu quand même) est la subversion paradoxale. « Tout ce qui a pris, depuis 1978, le contre-pied de l'idéologie baba*, devenue dominante. Pour un jeune d'aujourd'hui, vouloir réussir dans la vie, c'est assez *new wave* », observent Obalk, Soral et Pasche dans leur livre *les Mouvements de mode expliqués aux parents* (Laffont, 1984). • NEW-WAVERIE : caractère de ce qui est *new wave* ou supposé tel. Porter un chapeau et des vêtements sombres et amples, avec des pantalons trop courts et des chaussures sixties* (pointues avec des élastiques sur les côtés), peut être considéré comme une évidente tentative de *new-waverie* vestimentaire. Si l'idéologie (qui, disons-le tout de suite, est assez secondaire) suit, tant mieux.

Novo Garçon aux « cheveux nets, au costar impec, au fute sans retouche et aux pompes pointues mode, portant fines lunettes noires et fine cravate, s'aspergeant d'eau de toilette et fumant des cigarettes blondes bout-filtre » (définition illustrée de Frank Margerin dans *Chez Lucien*, Les Humanoïdes associés).

Nul ou **nullos** Qui est sans existence, qui se réduit à rien (Larousse). Hyperutilisé par les jeunes pour « sans intérêt aucun ». *C'est nul!*

C'est nullos! Voir la campagne de la transfusion sanguine 1986, avec ses affiches représentant un rocker dessiné par Frank Margerin : « Soyez pas *nuls,* filez vos globules », lui fait-on dire... dans une bulle. Tout *nul* qui s'assume adopte le *profil bas.* • NULLISSIME : vraiment en dessous de tout.

O

Occulter En bon français : dissimuler, rendre obscur. « Malheureusement, nos politiques sont toujours les premiers à *occulter* cette question [à savoir ce qu'est et ce que doit devenir l'outil-télévision] et à esquiver les problèmes de civilisation auxquels nous sommes confrontés » (Guy Konopnicki, dans *Globe*, juillet 1986). Signalons quand même, à toutes fins utiles, qu'on peut employer avec autant d'efficacité les verbes *cacher* ou, à la rigueur, *masquer, gommer, bannir,* ou *faire disparaître,* suivant le cas...

OK! En principe (et en américain) : d'accord. En français branché : « Tu es trop con pour que je perde mon temps à discuter avec toi. » Claude Sarraute écrivait dans son billet quotidien à la dernière page du *Monde,* « Sur le vif », en janvier 1986 : « Écoute, ils [les enfants] disent souvent *OK*. Ça veut dire : bon, d'accord, t'as raison, tout de suite. C'est plutôt encourageant. – Tu plaisantes ou quoi ?

OK a complètement changé de sens depuis quelques années. Il a perdu son acception positive. *OK*, c'est : fous-moi la paix ; c'est : on verra plus tard, tu me gonfles*. Dans *OK*, maintenant, il y a une connotation impatiente et distraite. »

On (on se calme ! on se moque ? on a déjà donné) C'est un fait : en français actuel, *on se calme !* (grâce à Coluche) remplace de plus en plus *calme-toi !* (cf. une publicité fort connue pour les bouillons Knorr, dans laquelle un quatrième invité venu à l'improviste a bien peur de ne rien avoir dans son assiette ; le plus malin des convives fait alors observer *on se calme !* parce que, en gros, chez Knorr comme ailleurs, quand il y en a pour trois, il y en a pour quatre !). Cuisine toujours : voir également la réaction du ministre de la Culture et de la Communication François Léotard à l'émission d'Antenne 2 « L'Heure de vérité » du 21 mai 1986 à propos des réformes annoncées de l'audiovisuel : *On se calme !* a-t-il dit, très péremptoirement. NB : La forme pronominale en *on* est naturellement valable pour tous les verbes possibles et imaginables. *Alors, on se moque ?* (ne serais-tu pas en train de te foutre de ma gueule ?) *On a déjà donné :* expression plus que répandue signifiant « c'est du réchauffé », ou encore « c'est du déjà vu ».

Opportunité De l'anglais *opportunity,* occasion. Petit à petit, le mot *opportunité* (en français classique : qualité de ce qui est opportun, sans plus) a tendance à remplacer *occasion.* Et si on n'emploie pas encore l'expression *voiture d'opportunité* pour *voiture d'occasion,* il faut bien reconnaître qu'on s'excuse souvent de ne pas *avoir eu l'opportunité de faire telle ou telle chose,* alors qu'il eût sans doute été tout à fait... *opportun* d'utiliser le mot *occasion.*

Overdose Dangereuse surabondance (drogue). Par extension : avoir trop, en avoir marre, ne plus en pouvoir... de quelque chose. Voir *ras le bol.*

P

Papelard Papier (en argot). *C'est du papelard!* (ce n'est pas solide, pas construit, et cela peut s'écrouler comme un château de cartes). *Un raisonnement papelard :* un raisonnement qui ne résiste pas à l'analyse. *Être en plein papelard :* déconner à plein tube (obsolète).

Parfum Ressemblance, point commun entre deux choses. « Séguin [alors ministre des Affaires sociales] : un *parfum* social-démocrate », titrait à la une *le Quotidien de Paris* du 28 avril 1986. Cette acception un peu traditionnelle de *parfum* a évolué dans le langage branché. *Tu ne trouves pas qu'entre son ancienne femme et sa nouvelle y'a parfum ?* (il semble qu'il n'exclue pas une certaine continuité dans le style de ses conquêtes).

Parler *Ça me parle!* (cela me dit quelque chose, cela m'est tout à fait accessible, cela m'intéresse). *Mozart me parle!* disaient soudain tous ceux qui venaient de le découvrir avec le film de Milos Forman, *Amadeus,* en 1984, pour faire croire qu'ils goûtaient sa musique depuis des lustres. Voir *interpeller.*

Pas triste! *C'est pas triste!* Litote à l'anglaise pour qualifier quelque chose de proprement hilarant à un degré quelconque. Même à la Bourse! En effet, le 26 mai 1986, jour de baisse à la Bourse de Paris, le spécialiste de TF1 René Tendron déclare : « On va vous montrer les indicateurs de tendance, parce que, si j'ose dire, *c'est pas triste!* »

Pas vraiment! Traduction littérale de l'euphémisme anglais *not really* que l'on emploie, outre-Manche, pour signifier en fait *not at all* (pas du tout), *not the slightest* (pas le moindre). *C'était pas vraiment triste*!* (c'était d'une inimaginable drôlerie).

Pédaler (sous-entendu : *dans la choucroute* ou *dans la semoule,* suivant les préférences que l'on peut avoir en matière culinaire ou autre) Ne plus savoir ce que l'on fait ou ce que l'on dit. Voir *déjanter.* Expression synonyme : *marcher* ou *être à côté de ses pompes.* Équivalent obsolète : *déconner.*

Pèderie (légèrement péjoratif) Ambiance homosexuelle mâle. *Le Marais, maintenant, genre de pèderie, j'te dis pas*!* (de toute évidence, le quartier du Marais devient un des hauts lieux de la vie homosexuelle parisienne).

Pédo ou **péd** Abréviation de *pédophile,* puis, par extension, synonyme d'homosexuel masculin : « Même les *pédos (-philes, -phobes),* même les sados* et les masos* seront titillés en toute innocence » (chronique littéraire de *Libération* du 8 mai 1986 à propos du livre de Pascal Bruckner *le Palais des claques,* Éd. du Seuil).

Perfect ou **perfecto** Blouson de cuir pour rocker ou présumé tel, qu'il était de bon ton, au début des années quatre-vingt, de laisser macérer dans l'eau salée pour le « fatiguer » un peu (ce qui ne manquait effectivement pas de se produire !). « Deux mecs vicieux, mignons, jeans, Adidas, *perfectos,* aimant ciné, hard rock*, s'éclater*, cherchons petits mecs pas cons, 18-23 ans, etc. » (annonce de *Libération,* 26 juin 1986).

Pété Ivre, chargé (drogue). Voir *allumé, déjanté, jeté.* Autres syn. *déchiqueté, épavé, dingue,* etc.

Phallique Origine psy*. De *phallus,* « organe mâle en tant que symbole de la différence des sexes », dit le Larousse. Évidemment tout, absolument tout, de la tour Eiffel au stylo à bille en passant par un sucre d'orge, un canif, un saxophone ou une brosse à cheveux, peut être a priori considéré comme *phallique*. Tout dépend du niveau de problématique* obsessionnelle de celui qui se pose en analyste...

Pied (prendre son pied, c'est le pied!) L'expression *prendre son pied* signifie très exactement : en prendre une bonne part (un pied = 33 centimètres), et non pas, comme on le croit trop souvent, prendre on ne sait quelle posture acrobatique sous l'effet d'un certain contentement ou d'une extase irrépressible et soudaine. « Recherche homme de 18 à 25 ans, bisexuel actif, super monté, pour qu'ensemble on essaie de faire *prendre son pied* à ma nana » (annonce parue dans *Libération* du 17 mai 1986).

Piéger Le branché, quand il se fait *posséder*, ne dit jamais qu'il se fait *avoir*, *baiser* (en canard ou pas), *blouser*, *duper*, *embobiner*, *pigeonner* ou autre chose. Une fois pour toutes, il se fait *piéger*.

Plan Le mot a pris naissance de façon obscure dans le monde particulier des musicos*, dès 1980 : *Il a tous les plans* ou *tous les doss* (il est très habile, il a tous les talents – particulièrement dans l'improvisation). Peut-être faut-il y voir l'utilisation douce du vieux mot d'argot classique *plan* désignant une cachette sûre (plus spécifiquement le tube que les taulards se glissent dans le rectum pour y dissimuler des objets inavouables). Ce serait alors une métaphore sur les « dons cachés ». En tout cas, le mot est passé dans le langage branché d'une manière fulgurante, après 1982, pour servir de traduction new wave* au *trip** du hippy*. 1° Histoire (au sens de raconter des histoires) : *Il me fait le plan amoureux transi-romantique-épavé* (il me fait croire qu'il se meurt d'amour pour moi). *Il est dans un plan écolo pas possible* (son dernier truc c'est de jouer à l'écologiste). Voir *trip*. 2° Trouvaille : *J'ai un plan*. 3° Tendance : *plan mao, plan nazillon, plan BCBG**. Dans ce cas, voir *look*. 4° Occupation. *Se faire un plan toile** (aller au cinéma), et même *faire un plan baise**. « Un bon *plan* ! Jambes bronzées, chapeau de toile et sac à dos parmi les fleurs, à Arc 1800 », explique une brochure publicitaire pour la station Les Arcs en été (1986).

Planer Origine baba*-hippie* via la drogue. Au départ : état d'hébétude avancée dans lequel on se trouve en principe après l'absorption de substances pas trop nocives. Par extension : douce euphorie provoquée par un sentiment de facilité. « Ça *plane* pour moi », chantait, il n'y a pas si longtemps, un (presque) jeune (presque) punk* connu sous le nom de Plastic Bertrand. Troisième sens : *il plane complet** (il est complètement à côté de ses pompes, à la masse, etc., bref : à la dérive).

Planter (se) Se tromper, faire une bourde, louper le coche. Origine : avoir un accident de la route (argot). *Se planter* ou *faire un crash* (un accident), *se crasher.* Puis show-biz : *Tu vas te planter, coco* (tu vas faire un flop*, un bide*) • UN PLANTOS : un bide, une bêtise.

Plus Aspect positif, supplément. *C'est un plus :* c'est un incontestable avantage. Un exemple parmi un milliard, *l'Équipe* du 13 mai 1986, publiant, avant la Coupe du monde de football, une interview de Michel Platini : « Arrivant en équipe de France en tant qu'Italien [Platini jouait à la Juventus de Turin], avez-vous apporté un *plus* ? » demande le journaliste roublard Gérard Ejnès.

Pointu A l'avant-garde. En éveil et en prise sur la mode. « Être *pointu,* c'est opter pour un style personnel, et se créer sa mode dans la mode », explique gentiment *Madame Figaro* du 3 mai 1986, dans un article précisément intitulé : « Soyez *pointue* ! » Syn. *sharp* (pointu, en anglais).

Positionner Ne s'emploie, en principe, que dans le langage militaire ou scientifique. En français courant, c'est plutôt *placer* qui conviendrait. *Je me positionne pour la télé* (je cherche à trouver une faille qui me permettrait d'entrer dans l'audiovisuel – et non pas : je m'installe confortablement devant la télé pour regarder le match).

Pote Depuis la campagne de SOS Racisme, en 1985, dont le slogan était *Touche pas à mon pote,* ce mot tend à perdre son sens premier de « copain », au profit de celui de « jeune immigré potentiellement victime du racisme beauf* ». Coluche, à Europe 1, en 1986 : « Un *pote,* c'est un camarade de couleur, quoi ! »

Poudre Héroïne (plus ou moins coupée ou trafiquée).

Problématique Origine intello* de gauche. *Chacun a sa problématique* (son équation propre). Dramatisation : ennuis, difficultés, vicissitudes. *J'ai une problématique dure en ce moment, dans mon rapport* à l'argent* (je manque un peu de rentrées, ces temps-ci).

Provoc Abréviation bien connue de *provocation.* Pour le branché, tout, depuis le fait de dire qu'on aime le football et pas du tout la quotidienneté* dans la chanson populaire, en passant par celui de ne pas apprécier les films d'Alfred Hitchcock, peut être ressenti comme une *provoc.*

Psida ou **psyda** *Psychose démago acquise* (cité par le journaliste Pierre Bourget au journal de 13 heures de TF1, le 24 juin 1986, à propos de la psychose du SIDA, qui tend à se développer un peu partout).

Psy Abréviation de *psychanalyste,* de *psychanalyse* ou de *psychanalytique,* suivant le contexte.

Pub On ne dit plus, et depuis plusieurs années, *publicité.* A tel point qu'il y a gros à parier qu'à terme ce mot disparaîtra à tout jamais des dictionnaires conventionnels et se retrouvera au placard des dictionnaires d'archaïsmes. On dit, une fois pour toutes, *pub. Fils de pub,* c'est le titre du fameux bouquin du publicitaire Jacques Séguéla. *Il y a de plus en plus de pubs à la télé et au cinéma. Le saucissonnage des films par la pub* (le fait d'intercaler des spots publicitaires dans les films et téléfilms de la télévision).

Publiphobe Personne ne supportant pas les spots publicitaires (à la télé surtout, mais aussi au cinéma). Ant. *publiphile* et *publiphage.*

Pulsion Origine psy*. Force vitale, de préférence inconsciente, qui pousse vers quelqu'un ou à faire quelque chose. « Ce syndrome de retard affectif est dû à des *pulsions* orales, anales et urétrales, dont la castration à effet symboligène de l'organisation de ces *pulsions* n'est pas soutenue par les visées des *pulsions* génitales œdipiennes », explique la psy* Françoise Dolto dans *la Difficulté de vivre* (Interéditions). • PULSIONNEL : relatif aux pulsions. *Hyperpulsionnel :* du domaine des pulsions, sans discussion, sans ambiguïté.

Punchy Qui a du *punch,* qui cartonne*, qui ne s'en laisse pas conter. « Punchy, la "6" ! » titrait joyeusement *le Monde* lors du lancement de la sixième chaîne de télévision, en février 1986.

Punk En anglais : camelote, saloperie. Mouvement de mode né en Angleterre vers le milieu des années soixante-dix en réaction à la passivité hippie*. Rachitique, chevelure ébouriffée, épingles plantées dans les oreilles et le nez, glorification des tares, le *punk* clamait, avec Johnny Rotten (en anglais : pourri), chanteur du groupe Sex Pistols, que l'essentiel de la philosophie nouvelle tenait en ceci : *no future* (pas d'avenir). Haine et boîtes de bière sont les deux mamelles du *punk.* Mot d'ordre : *destroy** (détruire). « Le *punk* arrive, le *punk* est là. Après l'Amérique, après l'Angleterre, la France à son tour est contaminée » (*L'Express*, 30 mai 1977). • PUNKETTE : femelle du *punk*. • PUNKITUDE : fait d'être *punk* et, bien entendu, de l'assumer* et de le vivre pleinement.

Q

QJS De *quadragénaire journaliste à prétention sociologique,* selon Obalk, Soral et Pasche, auteurs des *Mouvements de mode expliqués aux parents* (Laffont, 1984). Le *QJS* type vous crache une critique de film dans le plus pur style Michel Mardore (critique cinéma au *Nouvel Obs*) sans avoir l'air de se forcer, même s'il l'a servilement copiée.

Quelque part Origine psy*. Abréviation de *quelque part dans l'inconscient.* Imprécision d'une idée n'avouant pas, grâce à sa connotation intello*, sa faiblesse. Pour *le Point* du 28 juillet 1986, dans un article consacré aux branchés, l'imprécision dans le langage n'est plus tout à fait de mise. Et, pourtant, il suffit d'allumer son poste de télévision pour avoir la preuve du contraire. Ainsi, le 26 mai 1986, Bernard Tapie, homme d'affaires hyperstarisé, déclarait, au journal de 13 heures de TF1, à propos des candidatures privées pour le rachat de cette chaîne : « Il faut qu'ils [les acheteurs] soient aussi *quelque part* un peu compétents. » Entendu au cours d'une émission de radio : « *Quelque part,* il fallait bien que les Beatles finissent par clasher » (de l'anglais *to clash,* être en désaccord).

Queuf *Flic,* en verlan* courant. « Encore une croix sur l'ardoise des *queufs* », pouvait-on lire sur une pancarte lors de la manif des étudiants du 10 décembre 1986 (cité par *le Matin* du 11 décembre). Voir *keuf* dans le *Guide du français tic et toc.*

Quotidienneté Caractère de ce qui fait la vie quotidienne, et son charme désuet. « Quand Lio chante : "Dis-moi, dis-moi que tu m'aimes, même si c'est un mensonge", nous sommes en pleine *quotidienneté* » (entendu dans une émission de radio en 1981).

R

Raide def Abréviation de *raide défoncé* (d'apparence raide et supposé défoncé à cause de l'absorption d'une quelconque substance prohibée). Par extension, un *raide def* ou quelqu'un qui se retrouve *raide def* : toute personne ayant reçu un choc émotionnel intense le laissant pantois. *Dès qu'elle est entrée, raide def j'étais!* (à peine l'ai-je aperçue franchissant la porte d'entrée que je me suis senti tout conquis). Syn. *raide, stoned* (en anglais : sonné) ou même *stone*.

Ramasser (se) Manquer sa cible, son but, et, par voie de conséquence, échouer lamentablement et... spectaculairement. Voir *se planter, faire un flop*.

Rap En anglais : donner des coups secs. Façon de chanter ou, plutôt, de réciter des paroles de chanson sur un fond musical. Très énervant, au premier, au deuxième* et à tous les degrés qu'on voudra...

Rape (parler jeune) Guitare, un peu fatiguée si possible. Voir *gratte.*

Rapport à Origine intello* de gauche. Relation avec, position (philosophico-politique) sur telle ou telle chose. *Il y a quelque part* une ambiguïté dans ton rapport au pouvoir* (tu es un sacré lèche-cul), pourra-t-on faire remarquer à tout flagorneur.

Ras le bol « Pop. Fait d'être excédé », dit le Larousse, qui ne précise pas qu'il s'agit au départ d'un euphémisme de *ras le cul,* lequel manque évidemment d'urbanité. Michel Platini au *Monde* du 26 juin 1986 : « Je n'en ai pas assez, j'en ai *ras l'bol.* »

Rasta Jamaïcain en principe jeune et adepte d'un mouvement politique et religieux appelé *rastafarianisme.* En pratique : est *rasta* tout jeune Noir coiffé de dreadlocks*, qui écoute de la musique reggae et qui, naturellement, voue un culte éternel à Bob Marley.

Rat Type avare, prétentieux, content de lui et évidemment sans intérêt (voir *blaireau*).

Raymond *Être raymond,* c'est être ringard*, hors du coup, out (obsolète). Référence directe à un homme politique fort connu qui, bien que caracolant en tête de divers sondages, ne passe pas pour avoir un look* spécialement craquant*, surtout auprès des jeunes. Plus mystérieusement, on dit aussi un *raoul*.

Recentré Personne qui a été décalée (voir ce mot) et qui ne l'est plus, pour cause de recyclage.

Reçu Origine : intello* de gauche. Assimilé, compris, entendu, interprété (tout cela à la fois). *J'ai reçu ça très mal* (cela m'a profondément déplu).

Rédhibos Rédhibitoire. Syn. *gerbant* (insupportable, à vomir, à chier). *Hyperrédhibos* : inconcevable.

Redoutable Insupportable, à éviter (s'emploie à tout bout de champ). *Un redoutable mickey** : un jocrisse de compétition.

Ressourcer (se) « Faire un retour aux sources », comme le confirme le Larousse. Très employé chez les intellos* qui, souvent minés par leur activité (naturellement intense), éprouvent le besoin de revenir à leurs « racines » (dans ce cas : valeurs de base), qui, par opposition, sont simples, claires, vraies, revigorantes, quoi !

Revendiquer Assumer*, en plus fort, et avec une notion de défi face aux détracteurs, supposés nombreux et agressifs. « La vulgarité, je ne la nie pas. Mieux, je la *revendique* », écrit Philippe Bouvard dans la préface de son recueil *les Fous rires du théâtre de Bouvard* (Lattès, 1984). *Je revendique total* mon droit à la différence* (je ne suis pas, pour certains du moins, tout à fait comme tout le monde, et je considère que je n'ai pas à rougir de cet état de fait).

Revisité De l'anglais *revisited*, revu et corrigé. De fait, le langage branché préfère *revisité* à *revu et corrigé* (par les mœurs, par la mode, par ce qu'on voudra). Témoin cet (excellent) article de *Libération* sur le retour en force du bon vieux slip (par rapport à la mode bidon du caleçon), le 5 juillet 1986, avec cette légende sous une photo ô combien rétro : « Les années cinquante *revisitées* par Jil » (marque de sous-vêtements).

Ric-rac De justesse. Expression d'origine argotique. « Ric-rac », titrait tout simplement à la une *le Quotidien de Paris* au lendemain des élections législatives du 16 mars 1986.

Ringard Mot d'ancienne origine turfiste (un cheval *ringard* ou *tocard*) qui s'est répandu d'abord dans le spectacle, puis dans le journalisme. Personne médiocre ou nulle* qui ne sait et ne peut s'assumer* en tant que telle. Nom et adjectif se rapportant à tous ceux qui se croient branchés dans quelque domaine que ce soit et qui ne sont, en réalité, que des minables. Être punk* ou hippie* en 1986, c'est *hyperringard* (ou *hyperringardos*). « On a toujours besoin d'un plus *ringard* que soi », aurait pu dire le bon La Fontaine. « Le off rafraîchit les couleurs usées du festival [d'Avignon] avant de se dégrader, avant de devenir cette foire à la ferraille, cette poubelle à *ringards* qu'il est aujourd'hui » (Colette Godard, *Le Théâtre depuis 1968*, Lattès, 1980). « Lui, vedette *ringarde* du petit écran; elle, ex-taularde vulgos » (article de présentation du film *Nuit d'ivresse* de B. Nauer, dans *Première* de juillet 1986).

Ripou Verlan* de *pourri*. Ce mot a été popularisé par le film de Claude Zidi, avec Thierry Lhermitte et Philippe Noiret, ayant pour titre *les Ripoux* (1983); il désigne toute personne bassement (ou hautement ?) corrompue.

Rockabilly Désigne tout ce qui (musique, mode, etc.) est ou peut être considéré comme « rétro-américain » du début ou du milieu des années cinquante. On peut donc en déduire que *le fifties* est, au fond, assez rockabilly.*

Rockie ou **rocker** Amateur de rock un peu baston* sur les bords, qui ne cache pas – c'est le moins que l'on puisse dire – ses tendances. « Comment j'm'appelle ? » demande le *rocker* de quartier à son souffre-douleur dans *Ginette Lacaze, 1960,* de Coluche (1972 puis 1976). « Rocky ! répond l'autre. – Rocky comment ? reprend le premier. – Rocky-Rocker, Rocky ! »

S

Sado Sadique. Voir *maso.*

Safer-sex Sécurité dans les rapports sexuels. L'apparition du SIDA au début des années quatre-vingt, additionnée à la recrudescence des maladies sexuellement transmissibles classiques, a provoqué ce *réflexe safer-sex* qu'on peut globalement traduire par « utilisation quasi systématique de la capote en toute circonstance et quel que soit le sexe ou les origines sociales de la (ou du) partenaire ».

Santiags ou **santiagos** ou encore **tiags** Bottes mexicaines pointues, aux talons taillés en biais, qu'affectionnent rockers*, loubs* et zonards de banlieue. « Qu'est-ce que j'mets, les tennis ou les mocassins ? Oh non, les mocassins, ça fait trop branché. Les *santiags*, peut-être ! » (extrait de *la Drague*, une pièce d'Alain Krief, d'après sa bande dessinée, jouée au théâtre « Le Grand Edgar » en septembre 1986).

Sape Du vieil argot *se saper,* se vêtir (1920). Vêtements. Syn. *fringues.*

Scato Origine intello-psy*. Abréviation de *scatologique.* Caractérise toute personne qu'on juge (car l'intello-psy juge) pas encore sortie de la phase « caca-boudin » de la petite enfance.

Scientificité Terme particulièrement prisé des intellos* discursifs qui veulent parler du caractère scientifique de quelque chose.

Shit En anglais : merde. Haschich. S'emploie toujours au masculin : *T'as pas du shit ?* Utilisé à l'origine pour brouiller les pistes dans la conversation courante, en présence d'oreilles non initiées.

Shooter (se) Se faire une injection d'héroïne. Par extension : se faire plaisir. *Il se shoote à la Bourse* (son plaisir, c'est de jouer en Bourse). A noter cette troublante identité entre la une de *Libération* et celle du *Figaro Magazine,* qui titraient tous deux, le 31 mai 1986, pour le début de la Coupe du monde de football : « Le monde *se shoote.* » Il y a vraiment des moments où c'est à se demander si le jeu de mots n'est pas le facteur de cohabitation et de compréhension idéal et universel !

Shooteuse Seringue (drogue).

Sidateux Personne atteinte du SIDA, ou présumée telle (légèrement péjoratif). NB : En termes médicaux, on a dit *sidaïque*, puis *sidatique*, puis *sidéen*, puis *sidien*...

Sixties De l'anglais *sixty*, soixante. Désigne les années soixante (entre 1960 et 1969 incluse), leurs modes, leur cinéma, leurs mœurs, leur art, lcur littérature, leur musique, bref, leur impact (les *sixties*, c'est, disent les sociologues, l'« avant-crise », donc les annécs dorées-béates ou présentées comme telles, du moins jusqu'à l'explosion de mai 1968). « Les Beatles, John Lennon, Ringo Starr, Paul McCartney, George Harrison incarnent les *sixties*, explique *le Figaro Magazine* du 31 mai 1986, dans un cahier spécial consacré aux années soixante. Avons-nous vécu, en ces temps-là, une "décennie triomphante" ? » s'interroge l'hebdomadaire...

Skin En anglais : peau. Abréviation de *skinhead* (crâne rasé). Désigne les néo-fascistes post-punk* anglais (et continentaux par la suite) portant treillis, rangers militaires aux pieds, crâne rasé, n'ayant pas lu entièrement Platon ni vraiment assimilé Descartes et Kant.

Sniffer De l'anglais *to sniff*, renifler. Action de prendre de la poudre (héroïne), de la cocaïne ou autre chose (éther ou colle à rustines pour ceux qui n'ont pas les moyens) par inspiration nasale. Voir la une d'*Actuel* en juin 1984 : « Freud, cet inconscient qui sniffait trop. »

Soft En anglais : doux. S'applique d'abord à l'érotisme (par opposition à ce qui est *hard**, « dur », c'est-à-dire « présumé très cochon »). « Bien que destinée à être diffusée assez tard dans la soirée, la série reste quand même assez *soft* » (*Télé-Journal* du 5 avril 1986, dans un article sur le tournage d'une série télévisée gentiment érotique). Par extension, *soft* tend à désigner, surtout dans le vocabulaire minet*, tout ce qui est, dans quelque domaine que ce soit, assez léger et relativement gentillet.

Somatiser Du grec *soma*, corps. Terme très prisé des branchés psy*. Parler intello* de gauche. Théorie, vérifiable dans bien des cas en effet, selon laquelle les difficultés psychologiques rejaillissent sur la condition physique, entraînant parfois de véritables maladies. Le cor au pied est-il le résultat d'un *processus de somatisation* précis et défini, ou bien une résultante de *somatisations inconscientes* et multiples ? La question est posée. « Alors, évidemment, je fantasme*, je *somatise,* j'ai des spasmes ! » (extrait des *Frustrés,* BD* de Claire Bretécher).

Spécial Abréviation de *spécialement ciblé sur...* (avec un gros clin d'œil à *numéro spécial*). Le branché voit du *spécial-quelque-chose* partout. Un *trip* spécial-cul** désignera quelque chose de spécialement cochon, un *plan* spécial-beauf*,* une réunion de beaufs ou présumés tels, etc.

Speedé De l'anglais *speed,* vitesse. En argot-drogue, désigne celui qui est sous l'effet d'un *speed* (trip* aux amphétamines). Par extension : agité, fiévreux. « Branchés, show-biz et jet-set ont communiqué leur enthousiasme et leurs valeurs à toute la population jeune, *speedée,* hyperactive, dansante » (*Le Nouvel Observateur,* 22 août 1986).

Spermissif Néologisme gag lancé par Jacques Cellard, dans une interview au magazine *Lire* en septembre 1982 : « Sur la base de *permissif,* je propose *spermissif* : qui a trait à un trop grand laxisme sexuel. »

Sponsoriser De l'anglais *to sponsor,* commanditer. Un mécène, dans les années quatre-vingt, ne fait plus du mécénat : il *sponsorise.* NB : Si on y tenait, on pourrait dire *patronner* ou, plus clairement, *financer,* à la place de cet anglicisme incongru. Branché familier : *Il me sponsorise à mort!* (il ne me lâche pas, il me colle).

Square Ringard*, nul*, sans intérêt. (En anglais, *a square* désignait, dès 1960, une personne rétrograde, vieux jeu, un « vieux croûton ».) Dans la terminologie baba*, le *square* est celui qui se contente de la routine quotidienne (« métro-boulot-dodo », disait-on après 1968), totalement incapable (ou présumé tel) de s'ouvrir au monde. A la différence du baba*, le *square* s'intéresse à son métier. Inutile de le préciser, le *square* est souvent un beauf* qui s'ignore, en puissance ou encore en devenir. Syn. *straight* (droit, rigide). Ant. *cool**.

Squatter De l'anglais *to squat,* occuper un appartement, généralement abandonné, sans aucune autorisation de personne. Par extension : habiter chez quelqu'un, temporairement ou non. *Télé-Poche* du 7 juin 1986, dans un reportage sur la chanteuse Jeanne Mas : « Elle *squatte* chez les copains quatre jours par semaine et vit les trois autres jours chez elle, à Rome. » Syn. *taper l'incruste.*

Stal Abréviation de *stalinien.* Désigne un communiste.

Starité Vedettariat.

Stressé En proie au *stress* (tension usante et mortelle due aux agressions de la vie moderne). *Stressé à mort :* sujet à unc incontournable* tension.

Superblime *Super,* plus *sublime,* car on découvre, dans les années quatre-vingt, que l'un ne va pas sans l'autre. En tout cas, *Pariscope* sc fait un devoir de signaler l'apparition de ce nouveau mot dans un article consacré au langage câblé* (16 octobre 1985). Syn. *survolta.*

Syndrome « Ensemble de symptômes d'une maladie », comme on dit chez Larousse. Mais, surtout depuis la sortie du film *le Syndrome chinois* (1979), on retrouve un tas de *syndromes* un peu partout. *Globe* de juillet 1986 évoque le *syndrome Berlusconi* à propos des éventuels pièges de la privatisation d'une chaîne de télé; *Libération* du 19 juillet 1986 parle de *syndrome de Tchernobyl* lorsqu'on retrouve des traces de radioactivité dans le thym de Haute-Provence, etc.

Système Pêle-mêle, le *système* c'est la société, le pouvoir (politique ou non), le monde, Big Brother, les traditions, les usages, la hiérarchie, que sais-je encore ?... NB : Le *système* a toujours bon dos et est naturellement responsable de tous nos maux. Parce que si ça ne tenait qu'à nous, on verrait ce qu'on verrait !

T

Tabou Comme disent les néo-cyniques, « les *tabous,* c'est comme les feux rouges : c'est fait pour les pauvres »...

Taxer Emprunter. *Il m'a taxé mon pépin* (il m'a emprunté mon parapluie sans vraiment me le demander). NB : N'est pas aussi fort que *tirer* (carrément : voler).

Téléphage Qui consomme abondamment de la télé (on peut dire aussi *téléphile,* encore que *téléphage* introduise une nuance plus fruste). « Les enfants de 1985 moins *téléphages* que leurs aînés », titre *Télé-Journal* le 9 mars 1985. Ant. *téléphobe.*

T'inquiète! Abréviation hyperfréquente de *ne t'inquiète pas! T'inquiète, j'assure*!* (ne te fais aucun souci, je m'en charge).

Toile Dans l'expression *se faire, se payer une*

toile : aller au cinéma. En usage depuis le début des années soixante-dix.

T'ois ou **t'vois** Saisissant raccourci de *tu vois,* qu'on peut semer un peu partout dans le discours*.

Too much En anglais : trop. (On dit *trop* ou *too much,* indifféremment.) Se dit de quelque chose qui va vraiment un peu trop loin et sur lequel on préfère réserver son jugement global et définitif. *Il est trop, lui!* (non, là, vraiment, je ne sais s'il ne va pas un peu loin). « Ce mec est *too much,* ce mec est *trop* », le célèbre refrain (en 1985-1986) de la non moins célèbre émission gros-gags-gros-budget de Stéphane Collaro, *Cocoricocoboy,* sur TF1.

Top-niveau Nouvelle manière de dire que quelque chose est un sommet (*top,* « sommet » en anglais), une quintessence, du jamais vu, de l'inégalable, du sensationnel, de l'inédit, etc. *Être au top-niveau* dans un domaine quelconque, c'est donc cartonner* à mort* et dominer de la tête et des épaules.

Total Entièrement, complètement*. Bien noter la place de cet adverbe quasi omniprésent dans le parler branché : *C'est totale folie, ton plan** (et non « *une* » *totale folie,* l'article indéfini disparaissant souvent, comme semble l'indiquer l'usage).

Tout faux! Expression lancée par Coluche dans un de ses sketches. *Ah! t'as tout faux, là*!* (tu t'es trompé).

Touzepar Verlan* assez utilisé de *partouze.* Remarque : en argot, on dit *zetoupar* (François Caradec, *Dictionnaire du français argotique et populaire,* Larousse).

Transf Abréviation de *transformiste.* Désigne, dans les années quatre-vingt, tous ceux qui s'adonnent au travestissement en dehors des périodes de carnaval, qu'il s'agisse de travestis, de transsexuels, hormonés ou non, de simples fétichistes du vêtement féminin, de « professionnels » ou non. Voir *Libération* du 10 décembre 1985, dans un article consacré à la fermeture du Carrousel, un célèbre cabaret de travestis à Paris : « *Transf* : la dernière parade du Carrousel. » NB : Ne jamais employer *travelot (travelo)* ou même *trav,* mots jugés, de nos jours, fort ringards*.

Traumatiser Blesser, heurter, froisser (dans le sens moral), vexer, humilier, choquer, ébranler, secouer (encore dans le sens moral, bien évidemment), peiner, affliger, etc. *Traumatiser,* derrière des allures vaguement scientifiques, masque l'infinité de nuances que renferment tous ces verbes. « A partir du moment où l'on a mis dans la tête d'un enfant qu'il a été *traumatisé* par une gifle, écrit Pierre Daninos dans *la France prise aux mots* (Calmann-Lévy), il en devient beaucoup plus frappé. »

Très Désigne ceux qui sont *très quelque chose.* Mais pas *trop. Il est très, ce mec* (c'est un type bien, il assure*).

Très chouette ou **très très chouette** Encore un tic de langage envahissant. Vient évidemment de la bonne vieille expression familière *chouette* (jadis, on pouvait aussi dire *bath*) et qui peut se traduire par... *super* ou, pour rester plus classicos, *magnifique.* « Ça vous chiffonne vraiment le fait que TF1 passe au privé ? Moi, je trouve ça *très chouette !* » explique avec un bon vieux clin d'œil des familles la journaliste Claude Sarraute, dans sa chronique du *Monde* « Sur le vif » (17 mai 1986).

Tricard De l'argot classique *tricard,* interdit de séjour. *Persona non grata.* S'utilise beaucoup dans le milieu journalistique et dans le spectacle pour signifier qu'on est « brûlé » auprès de telle personne ou indésirable dans tel endroit (ce qui n'est pas nécessairement désagréable).

Tringlette De *tringler,* faire l'amour. Un poil vulgaire, *tringlette* sera pourtant toujours préféré à *fourrette,* franchement inadmissible.

Trip En anglais : voyage. Désigne à l'origine, en jargon-drogue, l'état d'onirisme dans lequel on doit en principe se trouver après absorption de substances idoines. Par extension : dépaysement intense ou, plus exactement, sorte de délire ou de fantasme* ayant pour but de se duper soi-même, et accessoirement les autres. *C'est pas mon trip* (ou *c'est pas mon truc,* ou, plus baba*, *c'est pas mon karma*) : ce n'est pas mon genre, ça ne m'intéresse pas. « Nana cherche keum* *trip* skin* keupon psycho 24-28 » (petite annonce extraite de *Libération* du 14 juin 1986). Traduction : jeune femme cherche jeune homme d'apparence moderne (crâne rasé, punk*), concerné par la psychologie et âgé de 24-28 ans. « Ouais, la méditation transcendantale, c'est son *trip,* il dit que ça aide à se trouver » (Frédéric Lasaygues, *Vache noire, Hannetons et Autres Insectes,* Éd. Barrault).

Tu meurs! *Plus beau que moi, tu meurs!* était le titre d'un film de Philippe Clair (1982) avec le fantaisiste Aldo Maccione. Si le film était d'une qualité discutable, l'expression *plus quelque chose que moi (*ou *que lui), tu meurs!*

a fait une belle carrière. *Tu meurs!* est donc l'équivalent de *c'est pas humainement possible!* NB : Si on peut le sortir avec l'accent pied-noir, c'est encore mieux !

Tu sais quoi? Tu connais la nouvelle ?

U - V

Ubuesque Officiellement : qui est digne d'Ubu. Par extension : surréaliste. Mot qu'on dégaine assez facilement dès qu'on ne « suit » pas une démonstration.

Vécu Vie, mais en version psy*, c'est-à-dire la vie telle qu'elle est ressentie. *Assumer* son vécu :* vivre sa vie. *Au niveau* de mon vécu, l'approche* de l'autre génère l'angoisse* (je suis vaguement misanthrope).

Végétal Personnagc mou, sans âme, sans intérêt, sans rien ! Syn. *légume.*

Véhiculer Origine intello*. Porter, transporter, proposer une idée, un thème : *Ce film véhicule une idéologie suspecte* (ce film reflète un point de vue conservateur). « Quand on *véhicule* une image, et que cette image touche des adolescents, il faut être très prudent » (Bernard Tapie, le 26 mai 1986, au journal de 13 heures sur TF1).

Verlan *L'envers...* en verlan ! Langage basé sur l'inversion de syllabes, plus particulièrement, et pour des raisons de commodité, dans les mots à deux syllabes. Ainsi *laisse tomber* devient *laisse béton, branché* se dit *chébran,* etc. Connaît une vogue certaine chez les jeunes.

Vibe Abréviation de *vibration,* mot qui connut une vogue certaine à l'époque hippie*. *J'ai de bonnes vibrations!* (je sens le sujet).

W

Warnographie De l'anglais *war,* guerre, ce mot est naturellement bâti sur le modèle de *pornographie.* C'est le nom que la presse soviétique a donné aux nombreux films de guerre américains des années 1985-1986 plus ou moins ouvertement anti-russes. Les défenseurs de l'idéologie véhiculée* par ces films font toutefois remarquer, en jouant sur le mot et sur la façon de le décomposer, que *warnographie* devrait en réalité recouvrir une notion d'avertissement solennel (en anglais *to warn*) à ceux qui se sentent visés.

Wouaouh! Onomatopée servant à exprimer un sentiment d'enthousiasme, de jubilation, d'admiration. Particulièrement employée par Coluche (dans les tons suraigus-glapissants) : « *Wouaouh,* la crise, eh ! »

X - Y - Z

Xéno Abréviation de *xénophobe*. Un *xéno* est considéré comme plus dangereux parce que vraisemblablement plus atteint dans sa santé mentale qu'un vulgaire raciste premier degré.

X-er (prononcer : *ixer*) Censurer. *Se faire x-er d'un débat :* se faire sortir sans ménagement.

Yuppie (pluriel : *yuppies*) Abréviation de *young (upwardly mobile) urban professional* (jeune professionnel à ascension verticale). Désigne, aux États-Unis d'abord (depuis 1980-1981) mais aussi ailleurs, une nouvelle race de jeunes cadres dynamiques, snobs et opérationnels qui, contrairement aux hippies*, croient aux vertus de la société de compétition et entendent bien s'y tailler la part du lion. Par extension, peuvent être considérés comme *yuppies* tous les jeunes minets* stakhanovistes, bûcheurs et arrivistes qui savent garder l'apparence branchée et ne pas ressembler à un premier de la classe.

Zapper De l'anglais *to zap,* donner un coup sec et violent (mais aussi onomatopée très employée correspondant, en français, à *toc* ou *paf*). En français actuel, *zapper* c'est changer de chaîne télé brutalement, dès l'apparition des spots publicitaires, afin de leur échapper. « La pub* vous agace ? Eh bien *zappez* ! » titre *le Quotidien de Paris* du 17 juin 1986, à propos de ce nouveau sport, largement pratiqué aux États-Unis, et qui commence à toucher la France. *Avoir envie de zapper quelqu'un ou quelque chose* : avoir envie de le faire disparaître de son champ de vision ou de préoccupation. • ZAPPING : acte qui consiste à *zapper (faire du zapping).*

Zone Proche banlieue désenchantée célébrée par des chanteurs français néo-populistes post-seventies comme Renaud.

> Sœur de la *zone* à la peau douce
> Dans ta solitude farouche,
> Insoumise aux yeux rieurs
> Qui réinventent le bonheur
> Qui improvisent un équilibre
> Entre le couteau et la cible...

chante pour sa part le farouche Bernard Lavilliers. • ZONER : littéralement évoluer dans la *zone* (géographique ou psychologique), donc sans but précis, à la dérive, en traînant son blues*. Syn. *glander.*

Zonga Évident verlan* de *gazon,* terme plus sophistiqué que *herbe** pour désigner la marijuana.

Zupien Habitant d'une *ZUP* (zone à urbaniser en priorité). Il ne devrait y avoir, entre le *zonard* traditionnel et le *zupien,* qu'une différence de degré et non de nature. Or il apparaît évident qu'il y a dans *zupien* une notion laborieuse qu'on ne trouve pas dans *zonard,* plus souvent assimilé à un glandeur ou à un traîne-savates.

Bibliographie

Dictionnaire des anglicismes, par Manfred Höfler, Larousse, 1982.

Dictionnaire du français argotique et populaire, par François Caradec, Larousse, 1977.

Les Mouvements de mode expliqués aux parents, par Hector Obalk, Alain Soral, Alexandre Pasche, Laffont, 1984.

La France prise aux mots, par Pierre Daninos, Calmann-Lévy, 1986.

Vache noire, Hannetons et Autres Insectes, par Frédéric Lasaygues, Barrault, 1985.

A CONSULTER

Dictionnaire du français non conventionnel, par Jacques Cellard et Alain Rey, Hachette (épuisé).

Dictionnaire des néologismes officiels, par Alain Fantapie et Marcel Brulé, Franterm, 1984.

Et toujours...

Parlez-vous franglais? par Étiemble, Gallimard, 1973.

PRINCIPALES REVUES

Le Figaro Magazine, 11 janvier 1986.

Lire, n° 85, septembre 1982.

Le Nouvel Observateur, n° 943, décembre 1982.

Pariscope, n° 908, 16 octobre 1985.

Sans oublier...

Médias et Langage.

SECONDE PARTIE

Guide du français tic et toc

Changement et continuité

C'est le lot de toutes les modes : à peine sont-elles sorties qu'on s'emploie, qu'on s'échine même, à les démoder. Il en va de même pour les langages, et plus particulièrement pour les langages « de surface », affectés, hétéroclites, transitoires. Le « branché », fait d'un peu tout ce qui se dit et se répète chez les artisans de l'éphémère, et relayé par des médias de plus en plus présents et nombreux, ne devrait pas échapper à cette règle. Pourtant, il n'est que de prêter l'oreille pour se rendre compte que la plupart des termes « héroïques » des années « branchados » (1980-1986), comme *à la limite*, *c'est pas évident*, *ça baigne*, *classieux*, *quelque part*, *zapper* et tant d'autres (voir *Dictionnaire du français branché*), courent encore dans les rues. C'est ce qui s'appelle (au-delà de la durée) la continuité, vertu que d'aucuns refusaient à ces mots volontiers qualifiés, lors de leur apparition, de « mots courants d'air ». Déjà, des livres scolaires ont décidé d'intégrer certains de ces mots « branchés » dans les exercices proposés à leurs élèves, comme par exemple *le Français second cycle*, par Darcos et Tartayre (Hachette), ou le *Français 9e, division prégymnasiale* (Département de l'instruction publique et des cultes du canton de Vaud, 1987). Les dictionnaires « officiels », eux, se jettent dessus (*le Dictionnaire de notre temps*, Hachette, 1989, le *Petit Larousse illustré 1989*). Le changement, puisque bien sûr changement il y a, c'est l'arrivée en masse, dans l'ère post-branchée (ou néo-branchée, ou branchée post-moderne si l'on veut), d'une nouvelle langue de bois issue pour partie du langage des pubeux (publicitaires) largement répandu « hors ghetto » et pour partie de celui de l'informatique. Sans oublier, outre les incontournables « intellectualismes », les résurgences des bonnes vieilles expressions populaires ou argotiques qu'on croit parfois nouvelles, phénomène déjà présent lors de l'apparition du langage dit « branché ». Ce dernier est par définition très *tic*, et parfois *toc*. Et voilà qu'il prend, avec les années, des allures aussi *toc* que *tic*. Parfois davantage !

Bref, le branché post-moderne intègre la présentification relookée de la sabirisation du langage. Il s'agit là, en fait, d'un non-événement pourtant hyper-porteur, qu'il faut gérer. C'est ça, le caméléonisme du branché-en-devenir. Carrément adrénalitique comme talk, pas yaourt mais complètement holistique. Et tout cela sans décontextualiser. Giga ! A vous décalquer un brancheman basic !

PIERRE MERLE

PS : Pour tout problème de compréhension, consulter le *Guide du français tic et toc* (pages suivantes)...

A

Adrénalitique Capable de faire monter de manière spectaculaire le taux d'adrénaline d'un citoyen lambda, et cela pour quelque raison que ce soit. « Sur le trottoir, je mets dans la boîte [je photographie] la façade de cette cantine* paradisiaquement *adrénalitique* » (Moulinot, *L'Écho des savanes*, décembre 1987). Syn. *super*, *hyper*, *flashant*, etc.

Antagoniser Opposer, dresser l'un contre l'autre. L'ancien président de la République Valéry Giscard d'Estaing avertit, dans l'émission « Questions à domicile » du 27 mars 1988, qu'il faut « *antagoniser* le moins possible l'autre moitié de la France ». NB : On est alors en période préélectorale et loin de rassembler « deux Français sur trois », vieux rêve giscardien !

* Les mots marqués d'un astérisque sont expliqués dans cette seconde partie de l'ouvrage.

Antilook *Faire de l'antilook*, c'est être adepte de l'antimode*.

Antimode *Être antimode*, c'est évidemment tout faire pour ne pas avoir l'air d'être mode (voir *melting-mode*). Pour être *antimode*, explique *Paris-Match* du 6 novembre 1987, « on se contente de prendre quelques éléments de basic*, genre duffel-coat, redingote, blazer écossais, on en fait un patchwork de préférence sobre, voire un peu tristounet, et on saupoudre de quelques accessoires discrets (chaussettes hautes, bretelles), qui font toute la différence ».

Antrisme *Faire de l'antrisme*, c'est se terrer dans son *antre* ou, comme l'expliquent Maya Nahum-Valensi et Corinne Atlas dans leur livre *les Ados* (Mazarine, 1987), essayer de pénétrer dans l'*antre* (ici : le vécu) d'autrui. En l'occurrence : intrusion, souvent fort mal vécue par les assiégés, du monde des adu(ltes) dans le monde des ado(lescents).

Asocialiser (s') Dériver, se marginaliser, devenir « décalé » (voir *Français branché*). Jacques Chirac, en campagne pour l'élection présidentielle de 1988, affirme sur Antenne 2, dans l'émission « L'Heure de vérité » : « Je pense à ceux qui sont en train de *s'asocialiser.* » On a rarement entendu un candidat, quel qu'il soit, dire le contraire en période électorale, il faut bien le constater...

Atomiser Vaporiser, pulvériser, certes, mais à prendre dans un sens de plus en plus large, comme en témoigne cet exemple emprunté au domaine du commentaire sportif, qui n'a jamais vraiment fait dans la nuance : « Anziani *atomise* le gardien marseillais ! » (résumé télé du match Marseille-Nantes de septembre 1987). Jadis, on se serait contenté, pour parler d'un but spectaculaire laissant le goal littéralement pétrifié, de l'expression *effacer le gardien*, mais peut-être cette dernière est-elle trop « effacée », précisément, pour décrire l'univers sportif de la fin des années quatre-vingt. Littérature : « Te fâche pas ! on peut en parler, tout de même... – Je me fâche pas, j'explose. *J'atomise* » (Marie-Thérèse Cuny, *Une garce*, Éd. Bernard Fixot, 1987).

Automécéner *S'automécéner*, c'est évidemment s'autofinancer. Gonzague Saint-Bris, sur FR3, expliquait un jour que le général La Fayette avait « *mécéné* sa propre entreprise de liberté ». Plus prosaïquement, contentons-nous de retenir qu'il vaut mieux dire qu'*on automécène ses loisirs* plutôt qu'employer l'expression *foutre son fric en l'air*. A noter, et c'est là un syndrome masturbatoire typique eighties, que les « auto-quelque chose » fleurissent largement, par les temps qui courent. Ainsi, on peut *s'autoréguler*, bien entendu, mais aussi *s'autoréférencer* (la *logique de l'autoréférence* pouvant, pour faire plus simple, être appelée *narcissisme*) comme le rappelle *Libération* du 17 décembre 1987, et même *s'autobonimenter* (*Le Monde* du 14 mars 1988), ou encore *s'automotiver* (*Médias* du 13 novembre 1987). Voir *égo-training*.

Autrement (l') Adverbe substantivé tout à fait délicieux. On utilise bien déjà *l'ailleurs* (Hervé Bazin, cité par le Petit Robert 1987, n'évoque-t-il pas « le parfum des *ailleurs* » ?), alors pourquoi pas *l'autrement* ? C'est sans doute ce que s'est dit le journaliste Jean-Louis Mingalon, qui, dans un article paru dans *le Monde* du 4 octobre 1987 consacré à la Maison des cultures du monde, évoque précisément *l'ailleurs et l'autrement*.

B

Baliser Terme familier particulièrement prisé des jeunes, signifiant « flipper, angoisser, chocotter », bref, « avoir peur ». *Le Canard enchaîné* du 30 décembre 1987 (« Le courrier de Jeanne Lacane ») : « Tu n'auras qu'à faire entrer deux copines à toi dans le jeu comme passagères. Avec ton carnet d'adresses, pas de quoi *baliser* ! »

Barrière des mentalités Vieille expression tarte à la crème et relativement passe-partout qui fonctionne encore très bien au niveau quotidienneté du langage. La preuve : « La *barrière des mentalités* est encore solide », remarque, en guise de conclusion bien sentie, une journaliste d'Antenne 2 commentant, le 28 mars 1988, les problèmes de différence de niveau entre les enfants d'immigrés (supposés défavorisés) et les autres (supposés – mais qu'y peut-on ? – favorisés).

Bartering Terme initialement pubeux (de

l'univers de la pub) signifiant « échange » (en anglais), mais présentant l'immense avantage de nous éviter de recourir au mot *troc*. « Le sponsoring peut parfois aboutir au *bartering* (création d'émissions clés en main par des annonceurs en échange d'espace publicitaire) », explique *Télé-Journal* du 19 mars 1988.

Basic (s'écrit impérativement avec un *c*, à l'anglaise) De base. Fondamental. Mais aussi : « qui ne vole pas très haut », « qui ne décolle pas du plancher des vaches », comme l'explique le magazine *20 Ans* de novembre 1987 dans un article intitulé « Le jargon interdit aux parents ».

Béton *C'est béton* remplace, de fait, *c'est du béton*, pour insister sur la solidité d'un raisonnement, d'une analyse, d'un plan ou d'un projet. Très en vogue depuis que Francis Bouygues, le roi... du béton, s'est porté acquéreur de TF1, en 1987.

Biker (prononcer *baïkeur*) En anglais familier : loubard-motard-« hardeux » (voir *Français branché*). « Oh sûrement elle avait connu de ces compagnons, les petits loubs, des *bikers*, comme disait le petit garçon du rez-de-chaussée avec fascination » (Sapho, *Ils préféraient la lune*, Balland, 1987).

Biotope Au-delà du sens classique (milieu biologique déterminé offrant à une population animale et végétale bien déterminée des conditions d'habitat relativement stables), désigne, selon P. Olivier, F. Chauvat et B. Mougin (*Le zappeur se rebiffe*, Belfond, 1988), tout « lieu habituellement fréquenté par un individu ou un groupe d'individus » (bistrots, boîtes, métro, salons de massage, lieux de culte divers et variés).

Bip-bip Se dit d'un « keum » (voir *Français branché*) plutôt chouettos, beau et cool, comme nous en informe *France-Soir* du 27 octobre 1987 dans une rubrique « Jeunes ».

Bog ou **bogue** Vient de *bug*, terme d'informatique désignant l'erreur de programmation qui vous fend le cœur. Donc : erreur, sottise, connerie, micketterie (voir *Français branché*). « Bon, alors, si tu es sur le pli [trad. : si tu n'es pas super] seulement en corde [à grimper], y'a pas de *bog* ! » (Claire Bretécher, « Agrippine », *Le Nouvel Observateur* du 4 mars 1988). • DÉBOGUER : déconner.

Booker Bon vieux franglais venant de *to book*, réserver. Il est bien évident que *booker* est beaucoup plus chic (et *tic*) que *réserver* et plus encore que *mettre de côté*.

C

Ça crache! Ça en jette, ça en impose, ça impressionne, ça arrache, « ça cartonne » (voir *Français branché*). Syn. *ça disjoncte!*

Caméléonisme Rien à voir avec une quelconque étude de ce reptile saurien « à crête dorsale et queue prenante », comme dit le Robert, mais plutôt avec sa faculté de changer de couleur en accord avec celle de son environnement immédiat, qui est aussi, souvent, une « vertu » typiquement humaine. « Le *caméléonisme* de De Niro brouille les pistes au point qu'il est la star la moins abordée dans la rue », s'émeuvent en chœur Ève Mavrakis et Stéphane Benamou dans le mensuel (toujours) chicos *Globe* d'octobre 1987.

Ça m'lamente! Expression salonnardo-faubourienne (ça existe) tendant à exprimer un légitime et probablement sincère désarroi. « Quand je vois des Palestiniens se faire écraser la gueule sur des murs, *ça m'lamente!* », s'indigne un lecteur dans la page « Courrier » de *Libération* du 12 février 1988. • ÇA M'TROUE : même idée, en plus dramatisé. Syn. *ça m'a esquinté !*

Cannibaliser Phagocyter plus « dévorer » quelqu'un. « L'action politique ne lui a pas donné, à l'évidence, tout ce qu'il en attendait. Maintenant qu'elle l'a dévoré, et *cannibalisé*, est-il capable de voir plus haut et plus loin ? », s'interroge le journaliste Franz-Olivier Giesbert dans son livre *Jacques Chirac* (Éd. du Seuil, 1987).

Cantine En BCBG désinvolte : endroit où l'on a ses petites habitudes (restau, wine-bar*, boîte, bistrot, etc.) et, symboliquement, ses « pantoufles ».

Casher Payer cash. « Coût de l'opération ? Un certain nombre de zéros, précédés d'un chiffre, qui doivent faire sortir de leur trou les économies si durement planquées par Simon le comptable. Hubert *cashe*. Et Simon ne marmonne plus » (Marie-Thérèse Cuny, *Une garce*, Éd. Bernard Fixot, 1987).

Cassé *Il est raide cassé* (ou *raide défoncé*, ou *raide def*) : il est sonné, out, défait à la suite – par exemple – de l'absorption de substances diverses. C'est le type même de l'expression qui « boucle la boucle ». Dans les années 1982-1985, on employait un tas de mots (*déchiqueté, déchiré, épavé*, etc., et même le mathusalémien *naze* revenu à la mode par la grâce d'on ne sait qui) pour dire que quelqu'un était « brisé », « cassé », et voici qu'à présent, ô perversion superbe, *cassé* se donne des allures de néologisme pour dire... ce qu'il veut dire ! La preuve : dans son « Nouveau lexique » (interdit aux parents), le magazine *20 Ans* de novembre 1987 livre à ses jeunes lecteurs la définition suivante : « On est *cassé* quand on est très, très fatigué. » Merci.

Cédéthèque *Bibliothèque*, c'est pour les livres, *discothèque*, c'est pour les disques. *Cédéthèque* (voir *Télérama* du 20 avril 1988), c'est donc pour les *CD* ou *cédés* (*compact discs*).

Centre décisionnel Abstraite, obscure, générale, vaguement ésotérique, et en tout cas mystérieuse, donc attirante, cette expression ! Lumière : « L'individu est devenu un *centre décisionnel* permanent, un sujet mobile et ouvert au travers du kaléidoscope de la marchandise » (*Le Monde* du 13 novembre 1987).

Champ du possible En bon français : possibilités. *Libération* du 3 novembre 1987, dans un article consacré au marathon de New

York : « Peter Maher, canado-irlandais, a choisi comme bien d'autres le marathon pour élargir le *champ du possible.* »

Ciment de société Tout ce qui peut réunir trois personnes ou plus dans une atmosphère joyeusement conviviale en est un. La journaliste Martine Allain-Regnault à *Télé-Journal,* en septembre 1988 : « Le flipper, c'est un véritable *ciment de société* ! »

Coacher (prononcer *côtché*) De l'anglais *coach,* dont l'un des sens (celui qui nous intéresse, en tout cas) est « professeur donnant des leçons particulières ». « Disons qu'on a été *coaché* sur beaucoup de choses », explique le jeune comédien Christian Vadim (fils de Roger) dans l'émission de variétés « A la folie » du 6 mars 1988, à propos de son rôle de pilote de chasse dans le feuilleton *les Chevaliers du ciel.* Gageons qu'après cette lumineuse explication, tout est en effet devenu limpide pour le téléspectateur moyen.

Cocooning Vient de *cocoon* (en anglais : cocon). « La tendance de cette époque post-yuppie est de rester souvent à la maison », découvre *Glamour* de mai 1988. Donc : rien de nouveau sous le soleil par rapport à *être casanier.*

Cohabitateur Personne qui cohabite avec une autre (spécialité politique hexagonale, mais pas seulement hexagonale, à ce qu'on dit), d'après le regretté Coluche. *Cohabitant*, reconnaissons-le, serait sans doute plus approprié, bien que peut-être moins croustillant.

Coloriser Quand on colorie (colore) un film, on le *colorise*. Cet américanisme plutôt mal venu a fait irruption dans notre langage parlé (et écrit) en juin 1988, quand une chaîne de télé (en l'occurrence la Cinq) déclencha une polémique en passant une version coloriée du film en noir et blanc *Asphalt Jungle*. *Le Monde* du 19 juin 1988 : « En programmant *Quand la ville dort* de John Huston en version *colorisée*, la Cinq a déclenché une tempête en France. »

Communicateur Mot qui ne se contente plus d'être un simple adjectif et tend à devenir un nom. Les *communicateurs* sont les journalistes, les animateurs, bref, les « gens des médias », comme on le remarque au cours de l'émission « Apostrophes » du 13 février 1987.

Concept Mot carrément envahissant à partir de la mi-1987 jusqu'à nos jours ! En effet, les *concepts*, sous l'influence du langage pubeux, pleuvent : 1° « Un *concept* tout à fait nouveau, le déboucheur de nez ! », explique-t-on sans rire à l'émission d'Antenne 2 « Télé-matin », le 19 novembre 1987. 2° « L'industrie redécouvre l'habitat avec un *concept* branché : la domotique », renseigne de son côté *le Nouvel Observateur* du 15 janvier 1988. 3° « Une émission d'humour, de délires, une émission où les gens se sentent bien, voilà le *concept* que souhaite faire passer Géraldine », informe *Paris Nuit* de février 1988. 4° « C'est un *concept* fédérateur évolutif réversible », souligne, le 20 janvier 1988, le présentateur du journal télévisé de 20 heures d'Antenne 2, Henri Sannier, à propos de l'affiche de pré-campagne de François Mitterrand, « Génération Mitterrand ». Décidément, en France, on a de la suite dans les *concepts*...

Conceptualisation atypique Idée nouvelle.

Consensus Accord, consentement, mais nettement préféré à ces deux derniers termes, tout au moins en ce qui concerne certains points de politique de 1987-1988.

Constante d'exécution Comme le signale le mensuel *Actuel* de novembre 1987, la phrase « J'ai un style efficace » peut se traduire, en néo-précieux, par « Mes *constantes d'exécution* sont méta-communicantes ».

Convivial Équivalent *tic* de *sympathique et chaleureux* (réunion, personne, etc.).

Corbeaux Jeunes gens au look tout-noirceur, vaguement vampiresque, avec toute une ferblanterie pendouillante à base de crucifix, chaînes, etc. Lèvres noires indispensables. Comme le dévoile le spécialiste rock Philippe Barbot dans *Télérama* du 4 novembre 1987 : « C'est le groupe [Dead Cat Dance] typique pour *corbeaux* branchés, mixage de babas gothiques et de psycho-bilieux. » Savoureux, non ? Syn. *corback, bat cave* (équivalent d'outre-Manche). NB : Dans son *Dictionnaire de l'argot parisien* (1872), Loredan Larchey signale que *corbeau* signifie « croquemort ».

Crainteux Semble bien devoir remplacer *craignos* (voir *Français branché*) vers la fin 1988-début 1989. A suivre...

Crépusculaire A été too much employé voici une dizaine d'années, lors du grand retour des films noirs américains de série B (on parlait alors volontiers de « westerns des villes aux atmosphères *crépusculaires* », etc.). Maintenant, le *crépusculaire* court les rues, et court le rock ! « Avec leur rock *crépusculaire* et leur discrétion légendaire, leur inspiration torturée et le charisme de Robert Smith, leur leader, The Cure, peu à peu, ont su s'imposer comme l'un des groupes des eighties » (Thierry Delcourt, *Paroles et Musique* de novembre 1987).

Creux d'image Jargon télé exprimant une idée de handicap : « Placées depuis un an dans un rapport de force inégal (trois chaînes privées contre deux publiques), Antenne 2 et FR3 sont *en creux d'image* » (*Le Monde* du 14 mars 1988).

Cuirophile Qui aime le cuir, mais pas forcément comme le bourrelier, le sellier ou le cordonnier. « Elle enregistre en français, enfile trois albums et une collection de 45 tours à fleurettes, et libère la femme, milite pour le ciné hardcore, tourne d'ailleurs dans un porno soft *cuirophile, la Motocyclette* » (*Libération* du 26 juillet 1987, à propos de la chanteuse Marianne Faithfull).

Culte Il y a des livres, des films, des disques, des clips, etc., qui sont objets d'un véritable culte. Alors, on dira des *livres cultes*, des *films cultes*, des *disques cultes*, des *clips cultes*. *Actuel*, mai 1987 : « Marcello Mastroianni et Anita Ekberg sous les jets d'eau, c'est maintenant une des scènes *cultes* de l'histoire du cinéma. » NB : Juste sous le *culte*, il y a le *phare*, bien entendu. Et cela, souvent jusqu'à l'absurde : « 19 janvier, manifestation pacifiste : les *intellectuels phares* sont interpellés directement » (*L'Événement du jeudi*, février 1988). Question : ces derniers seraient-ils, d'une manière ou d'une autre, de lointains héritiers du siècle des Lumières ?

Culture vécue « En voilà une culture qu'elle est belle ! », aurait sans doute pu s'exclamer Coluche en entendant cette singulière expression employée par Jacques Pilet, directeur de la rédaction du mensuel *Émois*, lors du premier Festival européen des écrivains en octobre 1987 à Strasbourg. Faut-il l'opposer à une supposée culture invivable ? On s'interroge...

D

Décalqué Anciennement, on disait *déjanté* (voir *Français branché*), *épavé, pas clair.* « Au bar Florida, Babé attend Pierrot, toujours décalé. Moi, plutôt *décalqué*, j'observe les colonnes de granit du Capitole » (Moulinot, *L'Écho des savanes*, 1987).

Décontextualiser *Là, tu décontextualises!* peut-on toujours sortir lorsque, au cours d'une discussion tardive et acharnée, on se retrouve à bout d'argument. On l'aura compris, la stratégie consiste dans ce cas précis à faire remarquer sur un ton péremptoire à son contradicteur qu'il « sort les choses de leur contexte » et qu'en conséquence on ne joue plus, parce que ce n'est pas de jeu. Alain Finkielkraut, dans *la Défaite de la pensée* (Gallimard, 1987) : « *Décontextualiser* les œuvres humaines, les extraire du lieu où elles ont été produites et les juger ensuite selon les critères intemporels du Bien, du Vrai ou du Beau, Herder veut mettre fin à cette erreur séculaire de l'intelligence. »

Décrutement *Le Monde* du 28 mai 1988 titre : « Les *décrutements* en douceur de Renault » (l'entreprise pratique les départs en souplesse). Mot indispensable par les temps qui courent.

Désérotisant « C'est très *désérotisant* d'érotiser les autres », affirme, en 1987, l'animateur de l'émission coquine de France-Inter « A la nuit, la nuit », Daniel Mermet. Pourquoi ne pas le croire ?

Dessoiffer Néologisme créé par la pub pour une boisson gazeuse (Force 4), bâti sur l'expression branchée *ça décoiffe* (ou *ça arrache*, voir *Français branché*). Tend, de fait, à remplacer le verbe *désaltérer* dans le langage populaire de la fin des eighties.

Deux du ou **trois, quatre, cinq du** Abréviation de *deux (trois, quatre, cinq, etc.) du mat'*, cette dernière expression étant bien évidemment une traduction argotique de *deux heures du matin*.

Diaboliser Ensorceler. « Impensable pied de nez d'une génération *diabolisée* par les médias envers tous ces pudibonds, tous ces réactionnaires variés qui la chargeaient de tous les maux, de toutes les décadences de la chute finale... », se lance Georges-Marc Benamou dans son édito de *Globe*, en janvier 1988, intitulé « L'autre krach », traitant de la supposée fin du star-system.

Dialectique bipolaire Conception post-hégélienne de la dialectique.

Dichotomiser Pratiquer des dichotomies (qui procèdent par divisions et subdivisions binaires) en-veux-tu-en-voilà. Ah ! combien sommes-nous donc à *dichotomiser* sans le savoir ?

Diffraction de la réalité On se contentera de citer, si possible sans en diffracter ni en déformer le sens, cette belle envolée de Robert Maggiori, dans *Libération* du 8 octobre 1987, judicieusement titrée « Quand le second degré devient primaire » : « Lorsque ces analyses de surface, plus exactement des surfaces, étaient faites au second degré, c'est-à-dire avec la conscience ironique du jeu que cela représentait et du jeu de miroirs dans lequel il était effectivement intéressant de chercher la *diffraction de la réalité,* les analystes eux-mêmes – éditorialistes, publicistes, mass-médiologues – revenaient de temps à autre, en bons sémiologues, du signe à ce qui était désigné, de l'image au projecteur et du projecteur à la réalité projetée – quitte, d'ailleurs, à laisser l'examen de cette réalité au sociologue, au philosophe, à l'économiste, au physicien. » On ne peut, franchement, qu'avoir le souffle coupé !

Dink Acronyme de *double income no kids* (en français : *double revenu pas d'enfants*). Si l'on doit en croire *le Journal du dimanche* du 5 juillet 1987, *dink* devrait un jour remplacer *yuppie* (voir *Français branché*). Patientons...

Dissembler Présenter une dissemblance. « Règle d'or du noctambulisme 1988 : qui se *dissemble* s'assemble », décrète Sylvie Véran dans *le Nouvel Observateur* du 12 février 1988. NB : Au XIIe siècle, on parlait de *dessemblance* et de *dessembler*.

Donner Équivaut à *cartonner, arracher, déménager* (voir *Français branché*). La tenniswoman française Catherine Tanvier à Antenne 2 le 27 mai 1988, à propos du tennisman américain Agassi, nouvelle coqueluche de Roland-Garros : « Il a un look d'enfer, et une coupe de cheveux qui *donne* ! »

Ducky boy Black (Noir) à banane frontale.

E

Égo-training *Faire de l'égo-training*, c'est savoir se prendre en main dans le but de se rendre plus performant. *Médias* du 13 novembre 1987 : « Philippe Gabillet a mis au point une méthode d'automotivation, l'*égo-training*, combinant plusieurs techniques d'autogestion, par l'individu, de son propre potentiel énergétique et mental. »

Engager un processus relationnel Engager la conversation.

Euhisme Mot nouveau désignant un phénomène langagier qui l'est beaucoup moins et qui plonge ses racines dans l'accent parisien « revisité seventies » : rajouter des *e* vocaux partout où la nature et la grammaire n'en ont pas mis. « Bonjoureuh, salueuh... mystéreuh et boule de gommeuh... C'est quoieuh, ce stresseuh ? » (Marie-Thérèse Cuny, *Une garce*, Éd. Bernard Fixot, 1987).

F

Faire du people Être spécialisé dans le journalisme mondain-potins-chichi-gratin. « Maintenant, sous prétexte de *faire du people*, ils se ruent à Cannes ou à Roland-Garros pour s'afficher », se lamente, dans les colonnes de *l'Événement du jeudi* du 8 octobre 1987, l'orfèvre en la matière Yves Mourousi.

Fais briller ! Version 1987-1988 de *fais voir !*, mais aussi de *donne !*, comme ne manque pas de le remarquer l'astucieux *Journal du dimanche* du 5 juillet 1987.

Faxer ou **facser** Reproduire exactement un document ou une lettre (par exemple par photocopie). Syn. *dupliquer*.

Fendard Vieil argot de *rigolo*, qui semble remonter à la surface dans les conversations « comme il faut ». Adjectif synonyme : *roulant*.

Fielfrance La *fielfrance*, c'est la France fielleuse. Mot employé apparemment avec délices par l'écrivain Georges-Emmanuel Clancier lors du Festival européen des écrivains en octobre 1987, à Strasbourg.

Flot Fric, au sens global et générique. « En plus, elle a du *flot* ! » (Claire Bretécher, « Agrippine », *Le Nouvel Observateur* du 19 février 1988). Viendrait de l'expression business *capitaux flottants* (ô combien, parfois...).

Fonb' (avec l'apostrophe) Verlan abrégé de *bouffon*. C'est ainsi que les zonards appellent ceux qui ne le sont pas. Syn. *touriste** (avec une nuance encore plus plouc) ou *toss* (verlan de *sot*).

Friter (se) avec « Se frotter à », en version argotique classique redécouverte par le monde ado dans la seconde moitié des années quatre-vingt, comme en témoigne cet édifiant extrait tiré de *Tam-tam pour une Betacam* de Patrice Drevet (Carrère, 1986) : « Léo *se fritait avec* un douanier à propos du carnet ATA. Le carnet sert à dédouaner le matos des globe-trotters. »

G

Garage En langue rock ordinaire : tout ce qui peut rappeler le son (ou le look) des *groupes garages* des années soixante, les Sids par exemple. Les *groupes garages* étaient ainsi nommés parce que la volontaire rusticité de leur son laissait penser qu'ils enregistraient dans des locaux genre garage. *Libération* du 14 mai 1988 : « Au moment où se saborde *Nineteen*, le fanzine des *groupes garages*, trois d'entre eux passent à l'abordage. »

Gérer Sous l'influence décidément omniprésente du langage pubeux, il se trouve qu'en 1987-1988 tout le monde *gère* quelque chose. Ainsi, l'auteur de *Je t'ai trouvé au bout du monde*, Dominique Grange, *gère une attente* (« Apostrophes », juillet 1987) ; Harlem Désir, président de SOS Racisme, *gère un avenir*, celui des enfants de l'immigration (Antenne 2, novembre 1987) ; la journaliste Martine Allain-Regnault *gère son corps* (TF1, février 1988) ; *l'Événement du jeudi* s'inquiète de savoir comment TF1 va *gérer la concurrence* (4 février 1988); *Libération* parle de la capacité d'un directeur d'antenne à *gérer une éviction*, celle du présentateur-star Yves Mourousi (18 février 1988), etc.

Gestique Façon de bouger, de se mouvoir, d'occuper l'espace (d'une scène par exemple), voire, pour être désobligeant, de gesticuler (encore que la *gestique* soit à la gesticulation ce que le pas de danse est au pas de l'oie). *Le Nouvel Observateur* du 31 juillet 1987, à propos de Karlheinz Stockhausen : « Inutile de dire qu'il a tout fait : chorégraphie, *gestique*, costumes, texte, tout. » Syn. officiel : *gestuelle*.

Ghettoïsation Mise en ghetto. Le journaliste Pierre Bouteiller, sur France-Musique (le 2 mai 1987), évoque avec horreur une « *ghettoïsation* des musiques ».

Giga Abréviation de *gigantesque*. Semble, en 1988, en passe de remplacer le pourtant inusable *géant*, le tenace *hyper* et le toujours présent *super*, si chers aux ados. Claire Bretécher (« Agrippine », *Le Nouvel Observateur* du 4 mars 1988) : « Il paraît que tu es *giga* forte en anglais et en dessin ? » NB : L'antédiluvien *méga* fait, au cours de l'année 1988, un spectaculaire retour.

Glasnost Pluc *tic* que *toc,* ce mot russe qu'on traduit généralement par « transparence » (très en vogue pendant l'ère Gorbatchev) est probablement en passe d'intégrer* le Larousse, tant il est utilisé à tort et à travers, et la plupart du temps pour des questions relativement éloignées des bords de la Volga. Exemple : « Aide au tiers monde : la *glasnost* des évêques », titre *le Figaro* du 10 novembre 1987 à propos d'un débat, à Lourdes, sur la transparence des aides dispensées par les organismes caritatifs.

Golden boy Le krach de 1987 a propulsé sur le devant de la scène ces fameux *golden boys* (littéralement : « garçons en or », en anglais) qui sont, ni plus ni moins, ce qu'on a toujours appelé, en France, des courtiers et autres heureux habitués des places boursières. *Libération* du 9 avril 1988 : « Le *golden boy* français inculpé de fraude par les Norvégiens. » NB : *Le Quotidien de Paris* du 10 février de la même année n'hésite pas, à propos du film *Wall Street,* à évoquer carrément la *golden-boymania* qui, constate le quotidien, « aura décidément fait long feu ».

Graffiter Faire des graffitis sur divers murs et autres cloisons d'édicules de toute nature. « Ils avaient *graffité* les murs, le plafond, les fenêtres, les bureaux, et même l'immense frigo. La chapelle eightine, quoi ! » (Patrice Drevet, *Tam-tam pour une Betacam*, Éd. Carrère, 1986).

Grave « Qui se comporte, agit avec réserve et dignité », dit le dictionnaire, mais aussi : « Susceptible de conséquences sérieuses. *Situation grave, grave affaire.* » Il est clair que, dans son acception *tic et toc, grave* se rapprocherait plutôt de la seconde définition. *Il est grave* (ou *il est planté grave*) signifie tout bonnement, de nos jours, « il est gravement atteint », et se réduit donc à une vulgaire abréviation. Ainsi, dire de quelqu'un qu'il est *grave des chevilles* peut tout aussi bien signifier que cette personne a un léger problème ligamentaire à cet endroit, mais aussi qu'il a « les chevilles qui enflent terriblement » (ce qui, comme chacun sait, veut dire qu'on a « la grosse tête » !). La chanteuse Dani, se confessant à *Libération* (19 mars 1988) : « Quand je sniffais [voir *Français branché*] – je ne me suis jamais piquée, mais j'étais à trois, quatre grammes par jour, *grave* –, je pensais sincèrement que ça me faisait du bien ! » Commentaire courant (parler jeune) : *Grave, le brother!* (dans ce cas, prononcer *brozer*) : il est dans un sale état.

Groule Mot occitan signifiant, dans certaines régions du moins, « vagabond, traîne-savate, zonard ». Explication : *groule* désigne au départ la chaussure. C'est d'ailleurs une déformation de ce mot qui aurait donné l'argot *grole* (ou *grolle*).

H

Haricot En 1988 : ringard, has been. C'est d'ailleurs de *has been* que – curieusement – vient *haricot*. En voici la démonstration, qui mérite qu'on s'y arrête un instant : dans un premier temps, on prend le *been* de *has been* (qui « a été », en anglais), qu'on transforme par erreur, ou par inculture, ou encore par mauvais esprit, en *bean* (avec un *a* à la place du second *e*), ce qui signifie bien « haricot » en anglais. Et ensuite, on ose traduire en français et l'on obtient effectivement *haricot*, qu'on n'a plus qu'à servir chaud dans toute soirée cool !

Hétérophobie Non pas « l'attitude d'un homosexuel ne pouvant pas supporter ceux qui n'abondent pas dans son sens », mais « peur de celui qui est différent en général ». Albert Memmi, dans *le Monde* du 23 juin 1988 : « Ce rejet d'autrui, par peur du différent, que j'ai proposé de nommer *hétérophobie*, n'est pas encore du racisme. »

High culture Haute culture. « Le développement technologique fait que les gens ont des exigences accrues. De la *high technology* des années quatre-vingt va naître la *high culture* des années quatre-vingt-dix » (Lothar Späth, l'homme fort du Bade-Wurtemberg, cité par *Émois* en octobre 1987).

Holistique « Concept clé du new age* », explique *Glamour* de mai 1988 : « Tout est lié : santé, régime, écosystème, bien-être individuel. » Terme emprunté au domaine philosophique.

Homotélématicus ou **homo télématicus** « Les Français vont-ils tous finir en *homo-télématicus*, rivés aux touches de leur minitel ? », se demande, sans se répondre, *Paris-Match* du 30 octobre 1987.

Hypermoralisme Moralisme exacerbé. François-Bernard Huyghe, auteur, avec Pierre Barbès, de *la Soft-Idéologie* (Laffont, 1987), à « Apostrophes » en novembre 1987 : « La soft-idéologie a besoin d'un *hypermoralisme*. »

Hyppé De l'anglais *hype*, « camé », mais aussi « qui a bénéficié d'un gros coup de pub ». « *Hyppé* à mort, il tient une petite partie de ses promesses tant qu'il maîtrise son hystérie et n'abuse pas des références à Kurt Weill » (commentaire du journaliste Yves Bigot, dans *Libération* du 5 avril 1988, à propos de l'un des participants au festival du Printemps de Bourges).

I

Imager (s') Se montrer.

Imaginaire en continu S'oppose, c'est évident pour tout le monde, au *réel en pointillé*. En tout cas, le publicitaire-star Jacques Séguéla, évoquant (dans l'hebdomadaire *Télérama* du 20 février 1988) la possibilité d'intercaler des messages publicitaires entre les nouvelles du journal télévisé, assène cette puissante vérité : « Un journal télévisé, ce n'est pas un *imaginaire en continu.* »

Impulser des idées Version *toc* et typiquement audiovisuelle de *animer*. La journaliste Florence Schaal à *Télé-Journal* en octobre 1987 : « Si le côté rivé aux dépêches me gêne un peu, le fait de me retrouver en position de pivot de la rédaction et d'*impulser des idées* est plutôt motivant. »

Intégrer De même que tout le monde *gère*, tout le monde *intègre* (comme n'importe quel vulgaire ordinateur), en 1988. Et on *intègre*... à l'infini ! Nous nous limiterons à quelques cas :

1° Sport : « Éric arrive très bien à analyser et à *intégrer* le jeu de son adversaire » (commentaire des Championnats du monde d'escrime en 1987). Éric Srecki donnait en effet l'impression d'avoir *saisi* la tactique de son adversaire.

2° Intelligentsia-spectacle : « J'*intègre* complètement ce point de vue », répéta à plusieurs reprises le président de la CNCL, Gabriel de Broglie, à l'émission « Apostrophes » du 23 janvier 1987, pour signifier qu'il *était d'accord* avec ce qui venait d'être dit.

3° Cinéma : « Il suffisait que les enfants du village se mettent à chanter pour qu'on l'*intègre* [la scène] au film », explique en janvier 1988, à un hebdomadaire de télé, le réalisateur Laurent Heynemann à propos d'un tournage en Afrique. Et, de fait, il a bien *utilisé* ces scènes.

4° Vie quotidienne : « Il y en a qui n'ont pas encore *intégré* qu'on pouvait monter sans billet dans un wagon de première à 6 heures du soir ! » (entendu dans le métro). Il y en a, en effet, qui *comprennent* difficilement...

J

Jérémier Se répandre en jérémiades. « Fayotez, gueulez, *jérémiez*. C'est minable, mais ça marche », conseille le magazine *Cosmo* en février 1988.

Jeunisme Comportement tendant à s'aligner à tout prix sur les jeunes (mode, musique, look, langage, etc.) quand on ne l'est plus vraiment. Louis Pauwels, dans *le Figaro Magazine* du 14 février 1987 : « D'où nous vient ce mythe récent du "jeune" ? Ce "nous les jeunes" dominateur et presque terrorisant ? Je vais scandaliser encore une fois. Il nous vient des totalitarismes, communisme et fascisme, qui ont inventé le *jeunisme* comme arme d'assaut contre les sociétés qu'il s'agissait de détruire. » NB : Le *jeunisme* ne doit en aucun cas être considéré comme la maladie infantile du *vieillisme**.

K

Keuf Verlan de *flic,* qui s'écrivait *queuf* – mais c'était peut-être trop compliqué – vers la fin 1986, lors de la révolte des étudiants (voir *Français branché*). En tout cas, Josiane Balasko délaisse le *q* pour le *k* quand, en 1987, elle réalise un film portant ce titre.

Kludge (prononcer *kleudge*) A l'origine : méli-mélo inextricable de fils électriques et de puces à l'intérieur d'un ordinateur. Par extension : pagaille, souk, bordel. « Qu'est-ce que c'est que ce *kludge* ! »

Know-how En anglais (et en « business ») : savoir-faire. Mais il vaut mieux dire qu'on a *intégré son know-how* plutôt que l'on a *acquis du savoir-faire* !

L

Laisser-parler Il y a bien le *laisser-dire* et le *laisser-faire*, sans parler du *laisser-aller* ! Alors, pourquoi pas, surtout à la fin des « eighties » (voir *Français branché*), le *laisser-parler* ? *Le Monde* du 13 avril 1988 évoque d'ailleurs, de façon quasi officielle, cette nouvelle notion : « Même *laisser-parler* [sans guillemets] chez IBM, où la maintenance se plonge avec délices dans *Inspection IBM* et les vendeurs dans *Marketing Actualités.* »

Latino (nom et adjectif) Désigne toute activité culturelle au sens – très – large (et toute personne) ayant pour racines la péninsule Ibérique ou au-delà (Amérique centrale ou latine). « L'irruption du kitsch et des *Latinos* [...] est à la mode en cet hiver 1987-1988 », note *Globe* de janvier 1988. *Viva la movida* parisinissima !*

Lézard Inconvénient, défaut, problème. L'expression zonarde *y'a pas d'lézard* signifie donc « il n'y a aucun problème » ou, comme le disaient plus volontiers les branchés de 1986, « ça baigne ! » (voir *Français branché*) : « Je les laisse ensemble. Ça va tchatcher*, *y'a pas de lézard*, pas vrai ? » (Sapho, *Ils préféraient la lune*, Balland, 1987). Origine la plus vraisemblable de ce *lézard* : la déformation parigote de *hasard* (dans le sens de « incertitude, aléa »), comme l'expression *et vice versa* a donné *et lycée de Versailles*. Autre explication à l'usage de ceux qui pensent que les cheveux ne peuvent se couper qu'en quatre : dans son *Dictionnaire de l'argot parisien* (1872), Loredan Larchey explique que le *lézard* est au départ la « personne sur laquelle on ne peut compter », la personne qui met la pagaille. Par extension, sera désigné comme *lézard* tout ce qui pose problème. D'autres encore ne veulent voir dans ce *lézard* que la déformation du mot *lézarde* (fissure, crevasse, faille). Syn. *loup*. Loredan Larchey : LOUP = sottise, erreur. (Les néo-branchés, parfois, prennent ces termes pour des nouveautés, ce qui est naturellement un... gros *loup* !)

Lobbyiste ou **lobbyman** Les *lobbyistes* sont une poignée en France et sont chargés de faire pression sur les pouvoirs en place. Vaste programme !

Long-court Version « claire-obscure » 1988 de

mi-long. Cette expression, comme le confirme *le Journal du dimanche* du 10 avril, sort tout droit des salons de coiffure.

Lookologie Science du look dans toute sa splendeur, dont les chercheurs s'appellent les *lookeurs*. *Globe* de novembre 1987 explique que « les conseillers en communication ne laissent rien au hasard. Pas un acte, une attitude, un détail qui ne constitue un signe. Selon eux, la *lookologie* constituerait une science exacte, une médecine infaillible ». Diable !

Louche *Se prendre la louche* (vocabulaire média-show-biz), c'est se prendre la grosse tête ou, si l'on préfère, se surestimer de manière éhontée et le plus souvent sans mobile apparent.

Luss ! Gentil verlan très « sortie du lycée » de *salut !* De même, on entend beaucoup, en 1988, *j'ai fait as* pour *j'ai fait ça*. Adorable !

M

Magique Remplaçant néo-classique de *génial, génialoïde, superblime,* etc. *L'Écho des savanes* de décembre 1987 : « Ici, il y a des groupes qui bougent [...] Gold après quinze ans de galère, Jean-Pierre Mader l'informaticien [...] et Image avec Mario, un chanteur black *magique.* »

Maître à vivre Désigne tout faiseur de mode (coiffeurs, cuisiniers, etc.) qui a un impact médiatique. Le journaliste-animateur Pierre Bouteiller explique au journal *le Monde* du 18 octobre 1987 : « Je suis simplement journaliste. Et je constate [dans un livre écrit avec Alain de Sédouy, en 1987, intitulé *les Voix de la France,* Calmann-Lévy] ce qui se passe : le public préfère se raccrocher à des gens dont le métier n'est plus "la vie avec la pensée". Les maîtres à penser ont disparu et ont été remplacés par des *maîtres à vivre* (Coluche, Montand, les gens de médias). »

Méfiance culturelle Méfiance héréditaire et traditionnelle qui ne veut pas dire son nom. Et cela donne, par exemple, ce joyeux commentaire entendu dans l'émission « Télématin » d'Antenne 2 le 13 octobre 1987 : « Les Français ont fait preuve d'une *méfiance culturelle* à l'égard du crédit. »

Melting-mode Mot qui apparaît pour la première fois dans *Libération* en décembre 1986 et qui signifie que le fin du fin (toujours valable en 1988), c'est de faire un joyeux patchwork improvisé de toutes les modes qu'on a vues fleurir dans les eighties. Suggérons – arbitrairement – une coupe de cheveux « iroquois » (voir *Français branché*), un pantalon « kiki » (revoir *Français branché*), une cravate BCBG sur une chemise « novo » (voir encore *Français branché*) avec, peut-être, des palmes aux pieds pour innover un peu ! Voir *antimode*. NB : Ce mot est évidemment bâti sur le fameux schéma de *melting-pot* (voir toujours *Français branché*).

Météorique A la vitesse du météore. *Le Nouvel Observateur* du 31 juillet 1987 : « Le succès *météorique* de ce trio de jolis garçons [le groupe A-ha] tient à une seule chanson. »

Me too communication « Dès qu'un nouveau produit apparaît », écrivent P. Olivier, F. Chauvat et B. Mougin dans leur livre *Le zappeur se rebiffe* (Belfond, 1988), « des concurrents s'empressent de le copier et font des produits *moi aussi* (en anglais : *me too*). » Indiscutablement plus *tic* que *toc*, par les temps qui courent.

Mieux-disant culturel Lancée par le « ministre mieux-disant de la Culture » François Léotard à la veille de la privatisation de TF1, pour signifier, en gros, « meilleure qualité possible » (devant être décelée dans les projets des candidats repreneurs), cette expression fut fort utilisée par la suite, fort raillée et fort détournée ! Il faut bien reconnaître que c'était assez tentant... Quelques exemples : *le Parisien* du 24 septembre 1987 évoque un « moins-disant culturel » ; *le Quotidien*, en octobre, découvre qu'on peut aussi parler (toujours à propos de la télévision) d'un « mieux-nuisant culturel ». Quant à Serge July, directeur de *Libération*, il avait déjà lancé dans son éditorial du 23 avril de la même année un fielleux « mieux-disant franchouillard ». Remarque : Cioran, quant à lui, s'était contenté d'évoquer (à propos de tout autre chose il est vrai) « le souci du bien-dire » dans ses *Syllogismes de l'amertume* (Gallimard, 1952).

Mode de production immédiat Façon de produire immédiate. Quand Sonny Rollins improvise sur un standard de jazz, ne fait-il pas de la *production immédiate* ? Sans doute. Mais on peut dire aussi... qu'il *improvise*. Orlando de Rudder, dans *Le français qui se cause* (Balland, 1986) : « Les procédures de production d'un texte sont, certes, éloignées de la parole quotidienne. Cependant, ce que nous disons participe d'un *mode de production immédiat* qui comprend des formes analogues à celles que le travail de l'écriture instaure. »

Moins-image (avec le trait d'union) Traduction *toc*, mais déjà (pour combien de temps ?) un peu *tic*, de « image négative et par conséquent dévalorisante ». L'origine business-pub de cet époustouflant raccourci n'est pas douteuse. Attention : donner de soi une *moins-image* est pire que de donner une *non-image*. Soyez vigilants !

Motivationnel Bien plus chic (et *toc*) que *motivant*, dans le langage courant où il tend à se répandre. Origine : langage des affaires, comme l'explique Didier Pourquery dans son livre *Parlez-vous business ?* (Lattès, 1987).

Movida parisienne *Movida* : mouvance mode espagnole considérée comme l'une des conséqucnccs du réccnt changement de régime dans ce pays. La *movida parisienne*, c'est en gros les néo-branchés d'ici ne jurant subitement plus que par l'Espagne devenue très à la mode en 1988. *Globe* de novembre 1987 : « Les Gypsy Kings [un groupe gitan] embrasent, avec leur dernier album, la *movida parisienne*. »

Multiconformisme Néologisme aux allures vaguement paradoxales que l'on doit à Gérard Demuth, directeur de la Compagnie française d'études de marchés et conjectures appliquées, si l'on en croit *le Journal du dimanche* du 6 décembre 1987. Le *multiconformisme* est une nouvelle tendance incitant chacun à chercher à se singulariser, chaque individu appartenant au bout du compte à plusieurs groupes. Voir *melting-mode* et *antimode*.

Muppy ou **muppie**, pluriel **muppies** De *mature upscale post professional* (professionnel haut de gamme d'âge mûr). Bâti sur le schéma de *yuppie* (voir *Français branché*). Désigne, comme le rappelle *le Nouvel Observateur* du 15 avril 1988, le groupe des citoyens âgés mais aisés et pas prêts du tout à « raccrocher » ! Voir *vieillisme*.

N

Néopathe Personne souffrant, selon Lucas Fournier (*C'est nouveau, ça vient de sortir*, Éd. du Seuil, 1987), d'une véritable douleur physique et psychologique face au nouveau. Le *néopathe* « vit avec le sentiment pathologique que, quoi qu'il fasse, il sera toujours déphasé, décalé, en retard ».

New age En anglais, « nouvel âge », mais aussi « nouvelle époque ». « Être *new age* [ou être *un new-ager*], est-ce être "nouveau baba" [voir *Français branché*] ? », s'interroge le magazine *Glamour* de mai 1988. Et de répondre : « Pas tout à fait. Yuppies repentis, hippies huppés, branchés partis loin des Halles chercher leur idéal, ils sont déjà des millions à gober du paranormal – réincarnation, astrologie, voyance, tarots – et à déployer leurs énergies positives pour leur bien-être personnel et celui du cosmos. » Vaste programme, en effet, que celui du *new-ager*. • NEW-AGERIE : caractère de ce qui est *new* *age* ou supposé tel. • NEW-AGER ou NEWAGER : personne recherchant souvent épanouissement et sérénité en pratiquant le yoga des cadres*.

Nominé Nommé pour l'obtention éventuelle d'un prix. Plus tellement *toc* depuis que, malgré bien des contestations, on le trouve dans les dictionnaires, mais de toute façon très *tic*, puisqu'on *nomine* un peu n'importe qui pour un peu n'importe quoi, et que de nos jours tout « prétendant » à quelque chose, pour peu qu'il ait été vaguement « pressenti » ou « contacté », se dit facilement *nominé*.

Non-efficacité Sans doute beaucoup plus subtil que la bonne vieille *inefficacité*, bien qu'on ait le droit de ne pas en être persuadé. Cette expression dans le droit-fil de la novlangue orwellienne en tout cas « cartonne sec » (voir *Français branché*) chez les adeptes (de plus en plus nombreux) de la langue de bois. *Actuel* de novembre 1987, auquel le phénomène n'a pas échappé, cite la revue *Matra-Racing* d'octobre 1987 où l'on évoque l'urgence de « trouver la parade à la *non-efficacité* parisienne ». Remarque : les *non-quelque chose* remplaçant, sans que l'on sache vraiment pourquoi, des mots tout à fait fréquentables sont aujourd'hui légion. Quelques exemples, au-delà du fameux *non-dit*, entré dans les mœurs depuis bien longtemps déjà :

• NON-ÉVÉNEMENT : chose dont on parle comme s'il s'agissait d'un événement, mais dont tout le monde sait qu'il n'y a strictement rien à dire. Peut-être faut-il voir là une retombée du phénomène télévisuel qui transforme tout en « événement », même ce qui n'en est pas un ?... *Globe* de janvier 1988, à propos du fait qu'Yves Montand avait réclamé un cachet pour venir parler politique (on le sollicite souvent...) à la télé : « On voit Montand, l'inénarrable Montand, exiger un million de francs pour finalement céder à 800 000 francs pour parler de politique. 9 000 francs la minute, c'est pas mal pour un *non-événement.* »

• NON-MOI : en langage psy, s'oppose naturellement au *moi.* La psychologue Patricia Demachy évoque, le 4 novembre 1987 sur Antenne 2, les luttes du *moi* et du *non-moi* chez l'enfant qui s'étonne de voir son ombre ou son image dans un miroir.

• NON-PENSER : *Actuel* de novembre 1987, à propos du langage tarabiscoté des publicitaires : « Plus qu'un mode d'expression, c'est une véritable manière de *(non-)penser.* »

• NON-PRIORITÉ : ce qui est sans grande importance. Michel Rocard, éternel candidat à la candidature à la présidence de la République, déclare le 15 janvier 1988 au *Monde* : « Il importe de définir une gamme de priorités courtes [...] et d'assumer le fait que les autres questions constituent donc une *non-priorité.* »

• NON-STYLE : *Globe* de novembre 1987 : « Le kitsch est né il y a un siècle et, pourtant, il se porte comme un charme. Attention : avec ce *non-style,* la décadence n'est jamais loin. »

• NON-VOTE : Abstention. « Le budget a été acquis grâce au *non-vote* des députés socialistes » (« Télématin », Antenne 2, le 10 décembre 1987).

Nosk Contraction convulsive de *nedski,* lui-même verlan de *skinhead* (voir *Français branché*).

Noyau dur Notre époque en voit partout, et cela signifie simplement « centre » (de l'intérêt) ou « l'essentiel » d'un groupe, d'une démonstration, avec, en plus, un côté « univers impitoyable ». Un communiqué de presse sur le festival de Cannes de 1988 évoque « les grands cinéastes qui ont souvent été le *noyau dur* du programme ». Dur pour eux ! Simple remarque au passage : on rencontre rarement des *noyaux mous*...

O

Objectiver l'arbitraire Chercher à se rassurer en tirant à tout prix des lois générales de faits qui ne le méritent pas. Les plus hardis vont même jusqu'à l'*objectiviser,* ce pauvre arbitraire !

Opéable Susceptible d'être l'objet d'une OPA (offre publique d'achat). *Le Monde* du 8 mai 1988 : « Tout est *opéable,* nous déclara sans ambages un banquier de la place. Il faut s'habituer à ça pour les années qui viennent. » Dans la pratique, *être opéable,* c'est être fragilisé.

Ouverture alimentaire Traduction *toc* et vaguement écœurante d'« aliment » ou, à la rigueur, de « façon de se nourrir ». Entendu à « Télématin » (Antenne 2), en septembre 1987, dans... la bouche d'une journaliste : « Le lait de soja est une nouvelle *ouverture alimentaire.* »

P

PAF Acronyme de « paysage audiovisuel français », dont on nous a surabreuvé dans les médias pendant et après l'arrivée de la privatisation à la télévision. Un exemple au hasard, mais qui a au moins le mérite de souligner un contresens à éviter à tout prix : « En fait, le brassage superficiel qui a secoué le PAF n'a amené aucun bouleversement profond », constate, rigolard, *le Canard enchaîné* du 7 octobre 1987.

Parisianiser Rendre parisien, mais, surtout, transformer quelque chose ou quelqu'un en événement bien parisien, voire salonnard. « Africa Bambaata [groupe funky-arabic] se *parisianise* », annonce *Actuel* en mai 1987.

Pavloviser Conditionner quelqu'un à la manière du fameux chien de Pavlov. • PAVLOVISÉ : « Les *pavlovisés* du conformisme, les coincés [voir *Français branché*] qu'un courant d'air perturbe, au fond, sont assez rigolos », explique Bruno Frappat dans *le Monde* du 4 octobre 1987. Simple remarque : les *pavlovisés* de l'anticonformisme ne sont vraisemblablement pas mal non plus !

Peanuts En anglais : arachide. « *Working for* peanuts *is all very fine, but I can show you a better time* », dit une célèbre chanson des Beatles de 1965 (traduction : « C'est sans doute très bien de travailler pour des prunes, mais moi je peux t'ouvrir d'autres voies »). Il se trouve qu'une fraction de la population française, n'aimant sans doute pas les prunes, préfère parler de *peanuts*, mais sans traduire (car alors cela perdrait son sel). Le 15 février 1988, sur Antenne 2, le publicitaire Thierry Saussez constate avec amertume : « Nous, on est *peanuts*, on n'a pas beaucoup d'importance ! »

Placardiser Mettre quelqu'un au *placard* (surtout en jargon télé), c'est-à-dire à l'écart. Quand, en octobre 1987, un quart des effectifs quitte la rédaction de TF1, *le Monde* (du 6 octobre) explique qu'il y a parmi les partants « des jeunes et des moins jeunes, des soutiers et des stars, des actifs et des *placardisés*, des représentants de toutes opinions politiques ».

Porteur « En plein développement », renseigne le dictionnaire. Le phénomène nouveau réside en ceci que, sous l'influence du langage « pubeux », tout est devenu, de nos jours, *porteur*. L'animateur télé Christian Morin à *France-Soir* (1er août 1987) : « Des après-midi, je passe à un créneau *porteur* dans une émission qui mélange jeux et talk-shows » (voir *créneau* dans le *Français branché*). Le journaliste René Tendron (TF1), le 13 avril 1988 : « L'environnement est *porteur*, y compris pour les valeurs étrangères. »

Positiver « Avec Carrefour, je *positive* ! » disait une pub à la rentrée 1988. Sans doute faut-il voir là une façon post-moderne* d'« assurer » (voir *Français branché*)...

Postéropodie Action de flanquer des coups de pied au derrière de quelqu'un dans un but thérapeutique. Le docteur Olievenstein, spécialiste de la lutte antidrogue, explique, sur TF1, le 20 novembre 1987, que « la *postéropodie* est encore le meilleur remède contre ceux qui consomment des joints à l'école ».

Post-moderne Entre *avant-garde* et *futuriste*. Et il y en a, de nos jours, des choses *post-modernes* ! 1. Des maillots de bain : « Voici la new (over) mode des maillots de bain *post-modernes* 1987, les une-pièce noir et blanc à bretelles, des corps post-sexy, post-body, postglamour des beach boys and girls yuppies de la trendy-génération » (*Globe* de juillet-août 1987). 2. Des arts ménagers : « Habiter 88, les arts ménagers *post-modernes* », titre *Libération* du 11 avril 1988 à propos de la foire-exposition consacrée aux meubles et objets contemporains située à la grande halle de La Villette. 3. Des hommes : « Décrispé, cool, foncièrement allergique à tous les projets totalitaires, le sujet *post-moderne* n'est pas non plus disposé à les combattre » (Alain Finkielkraut, *La Défaite de la pensée*, Gallimard, 1987).

Pouff Évidente abréviation, à l'origine, de *poufiasse*. Désigne, en 1988 – et ce n'est certes pas à la gloire des utilisateurs de ce mot –, toute personne du sexe féminin, sans préjugé aucun sur sa moralité. Pop. : *Y'a rab' de pouffs !* (il y a pas mal de filles !).

Premier-ministrable Toute personne qu'on imagine bien (si l'on est « pour ») ou mal (si l'on est « contre ») en Premier ministre dans un futur proche. « Les *premier-ministrables* de M. Mitterrand », titrait *le Monde* du 9 mars 1988. NB : Le mot *ministrable* existe, lui, depuis 1894.

Prendre la tête (ou **bourrer la tête**) **« à »** et non « de » **quelqu'un** Ennuyer, importuner, voire obséder quelqu'un. Cf. *caver la tête* dans le *Français branché.*

Présentification du réel Réalité.

Prêt-à-manger ou encore **plats prep's** (pour *plats préparés)* Christiane Collange, sur Antenne 2, le 11 avril 1988 : « Après celle du prêt-à-porter, nous arrivons dans l'ère du *prêt-à-manger.* » On ne voit en effet pas pourquoi, nous qui avons connu – et bien connu – le « prêt-à-penser », nous ne serions pas prêts à assimiler (ou prêts à intégrer*) ce nouveau concept* !

Prime time En jargon télé : première partie de la soirée (qui débute à 20 h 30), celle où il s'agit de « faire de l'écoute » à tout prix, à tous les prix, et bien racoleur si possible (il existe fort heureusement quelques exceptions dans le PAF*). Employé à tout bout de champ depuis 1987. *Médias*, pour sa part, évoque, le 13 novembre 1987, « l'encombrement des écrans du *prime time* ».

Problématiser les rapports Version *toc* de « compliquer les choses » (ou « la situation », ou « un état de fait », etc.). Employé comme une expression normale et courante, comme si de rien n'était, par une invitée (Michelle Perrot) d'« Apostrophes » en mars 1988.

R

Raï Blues arabe, comme l'explique *Actuel* en mars 1988. Musique des « potes » (voir *Français branché*). Très *in* et *tic* en 1987-1988.

Raider (prononcer *raideur*) Au départ : initiateur d'une OPA (offre publique d'achat). Devenu très à la mode après le krach boursier d'octobre 1987. Par extension : « yuppie » (voir *Français branché*) sans scrupule et machiavélique.

Rameux Celui qui *rame* ou qui *galère* (voir *Français branché*) en est un. Syn. *galéreux*.

Réactic (s'écrit obligatoirement avec un *c*) Contraction de *réaction rapide* (jargon de l'entreprise). *Le Monde* du 13 avril 1988 : « Soyez *réactics* sur le field ! », que l'on peut traduire par « Ayez la pêche sur le terrain ! »

Recadrer un débat Semble, de nos jours, bien plus en cour que *recentrer* ou *resituer un* *débat*, sans doute *décadré* par quelque chahuteur. *Le Figaro* du 24 février 1988, dans un article sur le soutien discret des francs-maçons à François Mitterrand lors de la campagne pour l'élection présidentielle de 1988, cite le Grand Maître de l'ordre, qui « a insisté sur la nécessité de *recadrer le débat* dans sa véritable dimension ».

Relecture Non pas le fait de relire, mais de lire autrement. Se méfier, donc, quand quelqu'un vous annonce qu'il a fait une *relecture de Molière* (par exemple...) ! NB : On dit aussi (et depuis un certain temps) *nouvelle lecture* ou *autre lecture*.

Remaker (prononcer *riméqué*) Faire un *remake*, autrement dit : procéder à la reproduction, avec d'autres acteurs, d'un film à succès. J.-G. Gingembre, coauteur de la série à succès *Maguy* (Antenne 2), à *Télé-Journal* en mars 1988 : « On a décidé de *remaker* la série américaine *Maud* à la française. Et *Maud* est devenue *Maguy*. » Pop. : *remaker* tend à remplacer *recommencer, refaire. Tu peux remaker ça, là ?* (recommence, pour voir).

S

Sabirisation Action de transformer, par apports nombreux, superflus et anarchiques, une langue en *sabir*. « *Sabirisez, sabirisez*, il en restera toujours quelque chose », pourrait être une sorte de devise des années quatre-vingt, comme en témoigne le présent ouvrage. Pour sa part, Marina Yaguello avertit, dans son livre *Catalogue des idées reçues sur la langue* (Éd. du Seuil, 1988) : « Parler plusieurs langues suppose un travail constant, une vigilance de tous les instants, pour éviter les pièges des interférences, des calques et emprunts plus ou moins inconscients, de la *sabirisation* progressive, dans le cas des plus démunis, qui mène à un appauvrissement de l'expression et donc de la pensée. »

Sampler (prononcer *samplé*) « Enregistrez quelques secondes de vos tubes préférés avec un échantillonneur à 1 500 balles, mettez-les bout à bout et vous aurez réalisé un *sampling* », explique le magazine *Rolling Stone* (édition française) du 9 mars 1988. Rappelons à tout hasard que *sample* en anglais signifie « échantillon ». L'intérêt de cette méthode est que, grâce à ce fameux « échantillonneur » (ou *sampler*), on peut, par exemple, « piquer » le son de la caisse claire d'un batteur (si c'est ce qu'on a envie de sélectionner) au moment du morceau qu'on juge le meilleur et le rejouer indéfiniment comme sur une boîte à rythme. On se fait ainsi un super-accompagnement pour pas cher. Et quand on sait qu'on peut répéter l'opération avec tous les instruments, chœurs inclus, on comprend l'intérêt (y compris économique !) qu'il y a à *sampler* quand on est musicos. Qui a dit « piratage » ? NB : On dit aussi *sampleriser*.

Sans dec' Petite abréviation jeunette de *sans déconner !*

Sapeur Rien à voir avec les pompiers, mais bel et bien avec les *sapes*. Ce qui est piquant, c'est que ce mot ne désigne pas, comme on pourrait s'y attendre, celui qui *sape* les autres (mettons : un fripier quelconque), mais bel et bien celui qui *se sape*, donc l'élégant, le... *bien sapé*, quoi !

Schtarbé ou **schtarb'**, ou encore **bechtar** (si on aime le verlan) Toute personne qui a pris un *jeton*, ou *jetard* en argot (prononcer *j'tard* ou *schtar*), sur la tête est *schtarbé*. Syn. *fêlé, épavé, barge* (voir *Français branché*), etc.

Scoper Abréviation courante de *magnétoscoper*, c'est-à-dire « enregistrer sur magnétoscope ». • SCOPEUR : accro du *scoping*.

Scratcher De l'anglais *to scratch*, gratter, rayer. On peut donc *scratcher un disque*. Par extension, via l'informatique, où *scratcher* devient « faire une erreur de manipulation sur son ordinateur préféré » : casser, briser, bousiller. *Libération* du 31 juillet 1987 : « Les juges *scratchent* la grève des pilotes » (la justice avait déclaré illégale la grève des pilotes prévue pour le 31 juillet et le 1er août !).

Signer quelqu'un Sous l'influence anglaise, on ne signe plus « avec quelqu'un » pour l'engager, mais on *signe quelqu'un* (show-biz).

Socialité « Instinct social », confirme le Petit Larousse. « Tout commence par une trilogie devenue emblème des relais de la vie, ou plutôt de la *socialité*, littéraire », renseigne *le Monde* du 5 août 1988 dans un article consacré à la tournée des bars littéraires.

Soûlante Directement dérivée de l'expression *tu nous soûles !* (de paroles), la *soûlante* c'est, comme le précise le magazine *20 Ans* de novembre 1987, « le bagout hors calibre ». Voir *tchatche.*

Starstratégie Stratégie basée sur la présence de stars (de ceci ou de cela) pour attirer le « mickey » (voir *Français branché*). *Médias* du 13 novembre 1987 : « Il sera question de la *starstratégie* de la séduction, de la stratégie d'attitudes et de comportements, autant que de design. »

Stratégie de mouvement Bien sûr, on peut, dans certains cas limites, considérer que l'immobilisme, la léthargie ou l'attentisme constituent une forme de stratégie. Mais il faut bien admettre qu'en général la stratégie est plutôt synonyme de mouvement ! *Le Figaro* du 5 novembre 1987 : « Ce plan, précise le conseil d'administration de Radio-France, répond à une *stratégie de mouvement* qui, grâce à une répartition géographique plus équilibrée du potentiel existant, doit permettre d'élargir la présence du service public de radiodiffusion dans des zones jusqu'alors... etc., etc. » Stratégie de langue potentiellement en bois, peut-être ?...

Street En anglais : rue. Désigne de nos jours, en France, toute personne pratiquant le *skate* (ou *skateboard* : planche à roulettes) dans la rue. NB : *Street* peut aussi désigner *le fait* de faire du skate dans la rue. Ce qui peut donner la délicieuse phrase suivante : *Mon rep flippait, mais moi j'ai flashé dès que j'ai vu des streets qui streetaient dans la street* (j'ai bien senti que mon père était réticent, mais moi, quand j'ai vu ces jeunes s'élancer dans la rue sur leur planche à roulettes, je me suis senti tout conquis).

Surite « De nos jours, explique Denis Slakta (dans sa rubrique du *Monde,* « La vie du langage », du 1er janvier 1988), la préposition *sur* manifeste une curieuse tendance à marcher sur les brisées de ses rivales (*dans, à, vers, pour, chez...*). Exemple récent : « Avant de *monter sur Paris,* il convient de *se mobiliser sur la fac.* » Vie quotidienne : *Il sature sur toi !* (il ne peut plus te supporter).

Sur la longueur Manière anglicisée de dire *à la longue.* NB : Les barbares authentiques vont jusqu'à hasarder *sur le long.*

Synchrone Adjectif désespérément officiel, datant de 1743 et signifiant « qui se produit dans le même temps ». Est, en 1988-1989, nettement préféré (si l'on en juge par la fréquence de son emploi) à *sur la même longueur d'ondes.*

Système anti-âge Crème antirides.

T

Taf Travail, boulot (souvent en retard, inachevé). Vient de l'expression argotique *aller au taf* (aller au travail et, plus sûrement, au tapin). NB : Attention, en argot, *taf* signifie également « peur ». Mais il est vrai que le travail peut faire peur, après tout...

Tal Abréviation de *talmé*, lui-même verlan de *métal*, mot de nos jours préféré à *blé, oseille, carbure, thune, fraîche, flouss*, etc., pour évoquer l'argent. Il se trouvera toujours des argotiers ergoteurs pour prétendre que *tal* n'est que le diminutif de *talbin*, « billet de banque », en argot classique.

Talk (prononcer *tôk*) En anglais : discours. *Il a un talk* (il a un discours, une façon de parler bien à lui). Voir *discours* dans le *Français branché*.

Tapseg D'après *Actuel* de novembre 1987 : « Nouveau sabir fondé sur la sémantique de ses deux maîtres à penser : Tapie [homme d'affaires play-boy] et Séguéla [publicitaire coqueluche]. » Il est vrai que, dans ces eaux-là (1987-1988 et sans doute au-delà), on aime bien, surtout dans le monde de la pub et du marketing, inventer et réinventer sans cesse une nouvelle « langue de bois » (voir *Français branché*). Exemples ? Mettons le *surfacing* pour *surface, finaliser* pour *terminer,* le *field* pour le *champ* (*d'action,* bien sûr), la *communication de recrutement* pour *petite annonce* (!) ou encore ces omniprésents *redéploiements.*

Tchatche Bavardage étourdissant et souvent inconsistant. « A vrai dire, on a rarement autant bavardé sur le petit écran. La grande trouvaille de la nouvelle télé, c'est le talk-show. Autrement dit : la *tchatche* en pilules » (*L'Événement* du 8 octobre 1987). *Tchatche* (très employé dans le Midi et outre-Méditerranée depuis longtemps) viendrait, selon Roland Bacri (*Trésors des racines pataouètes,* Belin, 1983) de l'espagnol *chacharear* (bavarder, babiller), et, d'après Robert Bouvier (*Le Parler marseillais,* Éd. J. Laffitte, 1987), du provençal *tcha-tcha,* qui signifie « cri des cigales ». Un débat qui va sans doute faire *tchatcher* dans les chaumières ! A toutes fins utiles, le mot *caquet,* en français classique, n'est pas mal non plus.

Technobandit Pirate ou fraudeur exerçant ses talents dans l'informatique. *Le Monde* du 26 avril 1988 : « Sicob 1988 : chasse ouverte aux *technobandits.* »

Technopole (une) ou **un technopôle** Ville tendant à devenir une source et un centre de développement (entre autres technologique) et de prestige. Dans un article intitulé « La mode des technopoles », *le Monde* du 26 avril 1988 explique que c'est Sophia-Antipolis, ville créée près de Nice au début des années soixante-dix, qui a lancé le mouvement. Aujourd'hui, chaque région a, dit le quotidien, sa technopole.

Télécrate Le *télécrate* est à l'homme de télévision ce que l'acteur est au vulgaire comédien : il tire à lui ! *Le Monde* du 14 mars 1988 : « Mourousi détrôné, les *télécrates* survivants continuent de s'autodésigner sujets majeurs du discours télévisuel. »

Télémateur Non pas « voyeur se tenant à distance respectable », mais « personne se servant – abondamment – de son minitel ». « Le *télémateur,* c'est vous dès que vous pianotez sur l'instrument » (*Télérama,* 13 mai 1987).

Téléologiste « Incontournable » (voir *Français branché*) spécialiste de la télé et du monde télévisuel. « Michel Rdyé, *téléologiste*, concepteur et commissaire de l'exposition "Les allumés de la télé" » (note de présentation du livre de M. Rdyé, J. Mougenot et J. Royer, *La Télé des allumés* [voir ce mot dans le *Français branché*], INA-Aubier, 1988).

Télévangéliste Prédicateur fou pas si fou que cela puisque proposant ses services aux télévisions pour un cachet de 250 000 francs l'heure. *Le Journal du dimanche* du 6 mars 1988 : « Y'en a qu'une, c'est la Une, pour avoir entamé des pourparlers avec un *télévangéliste* américain. »

Tentation globalisante *Je globalise, tu globalises, il globalise...* à tout bout de champ, dans la seconde moitié des années quatre-vingt : donc *tic*. Roland Dumas, ministre socialiste, à Antenne 2, en février 1988 : « Il faut veiller à *globaliser* cette négociation » (sommet de Bruxelles de février 1988). Attention à la *tentation globalisante* qui, donc, nous guette tous !

Tétaniser « Mettre en état de tétanos », dit le dictionnaire (*tétanos* : contracture des muscles). Par extension : rendre extrêmement nerveux, à la limite de l'apoplexie. *Le Monde* du 14 mars 1988 : « Fascinées par la montée de la Une, *tétanisées* par les Audimat, elles [les autres chaînes télé] semblent plus préoccupées de reconquérir un auditoire en perte de vitesse que de définir une stratégie offensive. » Pop. : *Ça m'tétanise !* (ça m'excite, ça m'énerve).

Timer (prononcer *taïmer*) De l'anglais *time*, le temps, l'heure. Signifie donc (d'abord dans le milieu radios locales, puis ailleurs) « chronométrer ».

Together Version *toc*, de provenance slang américaine, de être « cool » (voir *Français branché*), être peinard. Très utilisé par les new-agers* (voir *new age*). *Glamour* de mai 1988 : « On était tellement *together* (être bien dans sa tête) que j'ai ressenti une énergie inconnue ! » En somme, contrairement à ce que certains souvenirs scolaires pourraient nous faire croire, *together*, ce n'est pas forcément « ensemble ».

Tonique Qu'est-ce qui, de nos jours, n'est pas susceptible d'être considéré comme *tonique* ? Réponse : rien. Le critique de cinéma Michel Pascal au journal d'Antenne 2 du 7 avril 1988 évoque « une jeune comédienne *tonique*, Laura Favali », ce qui ne cesse d'être ambigu quand on sait qu'un des sens que le dictionnaire donne à *tonique* est : « qui stimule les forces vitales » ! Origine théâtrale, il est vrai.

Totalitarisme des mots Sans aucun doute, le moins grave des totalitarismes ! Un des (nombreux) utilisateurs de cette formule toute faite, René Han (président de FR3), explique dans sa conférence de presse du 14 septembre 1987 que sa chaîne est « victime depuis un an du *totalitarisme des mots* ». Si ce n'est que cela...

Touriste Tend à remplacer *blaireau* (voir *Français branché*)... en attendant, probablement, un retour en force de ce dernier, ne serait-ce que parce qu'il y a dans ce pays (comme dans les autres, d'ailleurs) plus de *blaireaux* que de *touristes*, y compris en période estivale...

Traquenard Dans le langage « jeune » (*20 Ans*, novembre 1987), *traquenard* devient synonyme d'*appart'* (ou *appartement*). Sans doute parce que, la plupart du temps, l'antre d'autrui révèle, à bien des égards, pas mal de surprises (agréables ou non).

Trick De l'anglais *trick*, « truc », mais aussi « passe ». En langage *tic* : rencontre (sexuelle) de hasard. Trique conseillée...

Trois B ou **3 B** Employé pour *Belleville-Beaubourg-Bastille* : on nous promet le premier comme futur lieu à la mode, on cherche à nous convaincre que le deuxième ne l'est plus vraiment (mais encore un peu) et on nous dit que le troisième a déjà pris la relève de la « branchette » depuis 1987. *Trois B*, comme d'ailleurs l'affirme *le Journal du dimanche* du 5 juillet 1987, signifie donc « super-codé-mode-néo-branché-classe » et tout et tout.

U - V

Un petit peu Tic de langage typiquement 1988 (au même titre que *tout à fait*, qui tend à remplacer *complètement*), si omniprésent qu'il fait grincer des dents à plus d'un. Un exemple parmi des milliards : « Vous partez *un petit peu* du principe qu'à l'âge de dix-huit ans les étudiants se trouvent *un petit peu* à la rue ? », demande une journaliste au rédacteur en chef de la revue *l'Étudiant* dans l'émission « Bonjour la France » du 26 octobre 1987 ! Un petit peu superflu, un petit peu énervant, non ?

Vampette Jadis, on aurait dit *lolita*. *Vampette* désigne en effet ces petites chanteuses charmantes et gentiment aguicheuses dont le show-biz nous abreuve depuis quelque temps. Claude Sarraute (*le Monde* du 16 avril 1988) : « Elle a seize ans et dix mois, l'âge d'Elsa, de Charlotte, de Vanessa, de toutes ces *vampettes* qui sucent leur stylo, leur pouce, leur micro en couverture de *Paris-Match*. »

Vandaliseur De *vandale*, utilisé par dérision pure. Peut être considéré comme *vandaliseur* tout ce qui sert à bomber, à graffiter*, à *taguer* les murs (dessiner des *tags*, sortes de hiéroglyphes urbains fleurissant particulièrement dans le métro).

Vieillisme Phénomène plus important, en tout cas par le nombre de ses représentants, que le *jeunisme**. Un concept d'avenir, si l'on en croit les études démographiques en cours ! Dès le 15 avril 1988, *le Nouvel Observateur*, toujours à l'affût du neuf, propose à ses lecteurs, qui ne sont d'ailleurs pas vraiment des ados, un article sur le « papy-boom ». Et on y lit ceci : « Les *vieillistes* réclament le droit à s'autodéterminer, dénoncent la ségrégation par l'âge, exigent qu'on leur rende la liberté des adultes dont hier encore ils jouissaient. Ils ne veulent plus être respectables, mais respectés. » Ah, mais !...

Violent Remplace, vers la fin 1988, des adjectifs comme *dur*, *hard*, etc. *Là, j'te trouve un peu violent, là !* (ta critique est sévère), s'exclamera le post-branché 1988.

Visage-marque Désigne, dans le monde pubeux, quelqu'un qui a un visage associé à une marque, comme l'explique le livre *Modernissimots* (paru chez Lattès, 1987). Un exemple : le fantaisiste Patrick Sébastien et le saucisson Justin Bridou, pour lequel il a réalisé plusieurs spots publicitaires. Un cas de conscience : la comédienne Catherine Lachens, qui avait fait un spot très drôle, voici quelques années, pour du papier hygiénique, confiait en 1985 à un hebdomadaire de télé : « On ne sait pas toujours à l'avance si accepter une pub "de plus" sera bénéfique ou si ce sera une grosse sottise. Moi, en tout cas, je n'en ferai pas d'autre pour le moment ! » Fort heureusement, elle s'en est sortie, merci pour elle.

Visualisation de l'image *Visualiser* : « rendre visuel un phénomène qui ne l'est pas » (Petit Robert, 1987). Partant du principe que l'image est – semble-t-il – un phénomène visuel par définition, on ne peut que s'interroger sur la signification de cette expression assez largement répandue, comme en témoigne le magazine *Médias* du 13 novembre 1987 : « Une centaine d'exposants vanteront les charmes de la micrographie, des systèmes de disques optiques, de numérisation et de *visualisation de l'image.* »

Vivre une relation forte En dépit des apparences, cela peut vraiment arriver à n'importe qui, puisque cette expression hyper-*toc* signifie tout bonnement « être amoureux » ou bien encore « nourrir et entretenir une amitié suspecte ». Exemple : « J'aime une femme extraordinaire, *on vit une relation très forte* », s'exclame Michel Blanc sur la scène du Splendid en 1985, dans la pièce de Josiane Balasko, *Nuit d'ivresse.*

VJ (ne pas prononcer *véji,* à la française, mais *vidjé,* à l'anglaise) Initiales de *video-jockey* (comme il y a des *DJ,* c'est-à-dire des *disc-jockeys*).

V-net (prononcer *vi-net,* ou *vinette* si l'on y tient) Petite missive informatique et sympathique, comme l'explique *le Monde* du 13 avril 1988 : « Chez IBM, on s'envoie des *V-nets,* missives informatiques. » (Pour les curieux, signalons enfin que *V-net* n'est pas autre chose que l'abréviation de *virtual network.*) Question : les *V-nets* seraient-ils les *poulets* de demain ? Relecture : « Il porte les *poulets,* il abouche les jeunes cœurs » (Th. Gautier) deviendrait, traduit en langue *tic* contemporaine : « Il télémate les *V-nets,* il interconnecte les néo-relationnels. »

Vrai-faux Oxymore archi-*tic* de 1987-1988, à la suite de la fameuse affaire du « *vrai-faux* passeport d'Yves Chalier », qu'il serait un peu long et fastidieux de rapporter. Disons seulement que, dans cette affaire (voir la presse de fin 1986/début 1987), le passeport était vrai et l'identité fausse, à moins que cette explication soit une *vraie-fausse* explication. Bref, depuis, les *vrais-faux* machins et trucs pleuvent à longueur de colonnes dans les journaux. Quelques exemples ramassés avec *vraie-fausse* peine : *L'Événement* du 4 février 1988, dans l'article « Chirac en héros stendhalien » : « Sûr qu'il y a du Julien Sorel chez ce *vrai-faux* séminariste. » Dans *le Monde* du 27 février 1987, Denis Slakta intitule sa chronique « La vie du langage » : « Le parler *vrai-faux*. » Le ministre socialiste-dandy Jack Lang qualifie à la télévision, en mars 1988, le ministre de l'Intérieur alors en exercice (et pas dandy du tout), Charles Pasqua, de « *vrai-faux* Fernandel ». *Le Monde* du 9 avril 1988 publie « La véridique histoire du *vrai-faux* Duconnaud » (Duconnaud, candidat malheureux aux élections législatives des 22 et 29 avril 1928 à Paris, qui proposait le prolongement de la rue Champollion jusqu'à la mer, a-t-il existé ?). Etc., etc.

Vrille Vieux mot d'argot presque oublié, au point qu'on le croit nouveau, signifiant ironiquement « lesbienne ». Et pourtant, Charles Virmaitre écrit, dans son *Dictionnaire d'argot fin de siècle* (le XIXe) : « *Vrille* : femme pour femme. Pourquoi *vrille* ? Elle ne perce rien (argot des souteneurs). »

Wine-bar Bar à vin. Mais il se trouve qu'en 1988-1989, au pays du beaujolais, cela fait mieux d'angliciser, et sans guillemets, en plus. *Paris-Match* du 11 décembre 1987 : « A l'heure angoissante du SIDA, les obsédés de la "ligne minceur" se mettent à rêver d'embonpoints rassurants et Paris se couvre de *wine-bars* où l'on noie de bordeaux ou de bourgogne d'énormes sandwiches Poilâne au jambon de pays. »

Workshop En anglais : atelier. Désigne, pour les new-agers (adeptes du new age*), « tout stage ou thérapie où l'on travaille son développement personnel », explique le mensuel *Glamour* de mai 1988, dans un article consacré à ces « crypto-babas » d'un deuxième type.

Y

Yaourt Selon le magazine *20 Ans* de novembre 1987, qui s'est longuement penché sur le langage de la jeunesse contemporaine, lorsque votre conversation « sera pâteuse et incompréhensible, comme celle de tout alcoolo qui se respecte, on dira que vous faites du *yaourt* ». Terme assez réconfortant, finalement, quand on sait qu'on disait jadis *de la bouillie*, et que donc on change de degré mais pas de nature dans la façon d'apprécier l'ânonnement aviné.

Yes-man (ne pas oublier le trait d'union) Équivalent anglais de *béni-oui-oui*, mais (peut-être sous l'influence de la langue québécoise) beaucoup plus prisé que *béni-oui-oui*. Dramatisation : lèche-cul. NB : Les *yes-men* vivotent souvent aux dépens de ceux qui les écoutent (comme on écoute l'écho). C'est pourquoi, parfois, ils finissent par ourdir quelque complot contre leur maître. Les exemples abondent, et pas seulement dans la littérature.

Yoga des cadres N'est pas tout à fait un yoga comme les autres puisque réservé aux yuppies stressés. Appelé aussi *rebirthing* (de *birth*, naissance, et *rebirth*, renaissance, dans la langue de Shakespeare), ce *yoga des cadres* désigne une « technique de respiration consciente » (une new-agerie* typique) sous la direction d'un guide compétent ou supposé tel, appelé *rebirtheur*. C'est en effet lui qui vous aidera à déployer – par cette méthode – votre mental, et à attendre, dans la sérénité, le « nouvel âge ». Il ne faut jamais oublier que pratiquer le *yoga des cadres*, c'est d'abord témoigner du fait que l'on est fondamentalement *amélioriste* (mot employé par Clotilde Luce dans son article sur le new age* dans *Glamour*, auquel il a été déjà fait allusion). L'*améliorisme* est-il une vertu exclusivement new age ? La question est posée...

Z

Zapping culturel Le « zapping » (voir *Français branché*) étant largement entré dans nos mœurs, il n'était que normal qu'il se diversifiât. Ainsi naquit ce concept* un peu abstrait, voire complètement abscons : le *zapping culturel. Le Monde* du 13 novembre 1987, à propos du livre de Gilles Lipovetsky *l'Empire de l'éphémère* : « Trouver un intellectuel qui succombe au charme futile de la mode, qui s'ébroue dans la séduction de l'éphémère et qui se gausse des croisades des belles âmes contre le rock, la télévision ou le *zapping culturel*, n'est pas chose aisée. Cet oiseau rare, ce chantre de la post-modernité [voir *post-moderne*], nous l'avons rencontré. »

Bibliographie

C'est nouveau, ça vient de sortir, par Lucas Fournier, Éd. du Seuil, 1987.

Ils préféraient la lune, par Sapho, Balland, 1987 (roman).

La Défaite de la pensée, par Alain Finkielkraut, Gallimard, 1987.

La Soft-Idéologie, par François-Bernard Huyghe et Pierre Barbès, Laffont, 1987.

Tam-tam pour une Betacam, par Patrice Drevet, Éd. Carrère, 1986 (roman).

Une garce, par Marie-Thérèse Cuny, Éd. Bernard Fixot, 1987 (roman).

A CONSULTER (si on s'intéresse aux langages)

Catalogue des idées reçues sur la langue, par Marina Yaguello, Éd. du Seuil, 1988.

Le français dans tous les sens, par Henriette Walter, Laffont, 1988.

Le français qui se cause, par Orlando de Rudder, Balland, 1986.

Les Ados, peuple extraordinaire, par Maya Nahum-Valensi et Corinne Atlas, Mazarine, 1987.

Le zappeur se rebiffe, par Philippe Olivier, François Chauvat et Brice Mougin, Belfond, 1988.

Modernissimots, par Alain Dupas et José Frèches, Lattès, 1987.

Parlez-vous business ?, par Didier Pourquery, Lattès, 1987.

Petit Guide de conversation usuelle pour changer le monde sans fatigue, par Jean Epstein, Éditions universitaires, 1987.

SANS OUBLIER...

Dictionnaire d'argot fin de siècle (1894), par Charles Virmaitre.

Dictionnaire de l'argot parisien (1872), par Loredan Larchey.

Dictionnaire de la langue verte (1867), par Alfred Delvau.

La Puce à l'oreille, par Claude Duneton, Stock, 1978 (Balland, 1985, pour la nouvelle édition).

PRINCIPALES REVUES (citées pour leurs articles sur le langage actuel ou pour leurs travaux pratiques en la matière)

Actuel, novembre 1987.

L'Écho des savanes, décembre 1987.

Le Figaro Magazine, 14 février 1987.

Glamour, mai 1988.

Globe, juillet 1987/novembre 1987.

Le Journal du dimanche, 5 juillet 1987.

20 Ans, novembre 1987.

COMPOSITION : CHARENTE-PHOTOGRAVURE À ANGOULÊME
IMPRESSION : BRODARD ET TAUPIN À LA FLÈCHE (6-94)
DÉPÔT LÉGAL : JANVIER 1989. N° 10480-3 (6377 J-5)

Collection Points

SÉRIE POINT-VIRGULE

V1. Manuel de savoir-vivre à l'usage des rustres et des malpolis, *par Pierre Desproges*
V2. Petit Fictionnaire illustré, *par Alain Finkielkraut*
V3. Quand j'avais cinq ans, je m'ai tué *par Howard Buten*
V4. Lettres à sa fille (1877-1902), *par Calamity Jane*
V5. Café Panique, *par Roland Topor*
V6. Le Jardin de ciment, *par Ian McEwan*
V7. L'Age-déraison, *par Daniel Rondeau*
V8. Juliette a-t-elle un grand Cui ?, *par Hélène Ray*
V9. T'es pas mort !, *par Antonio Skarmeta*
V10. Petite Fille rouge avec un couteau *par Myrielle Marc*
V11. Manuel à l'usage des enfants qui ont des parents difficiles, *par Jeanne Van den Brouck*
V12. Le A nouveau est arrivé *par Pierre Ziegelmeyer et Jean-Benoît Thirion*
V13. Comment faire l'enfant (17 leçons pour ne pas grandir) *par Delia Ephron*
V14. Zig-Zag, *par Alain Cahen*
V15. Plumards, de cheval, *par Groucho Marx*
V16. Bleu, je veux, *par Gisèle Bienne*
V17. Moi et les Autres, *par Albert Jacquard*
V18. Au vrai chic anatomique, *par Frédéric Pagès*
V19. Le Petit Pater illustré, *par Jacques Pater*
V20. Cherche souris pour garder chat, *par Hélène Ray*
V21. Un enfant dans la guerre, *par Saïd Ferdi*
V22. La Danse du coucou, *par Aidan Chambers*
V23. Les Mémoires d'un amant lamentable, *par Groucho Marx*
V24. Le Cœur sous le rouleau compresseur *par Howard Buten*
V25. Le Cinéma américain. Les années cinquante *par Olivier-René Veillon*
V26. Voilà un baiser, *par Anne Perry-Bouquet*
V27. Le Cycliste de San Cristobal, *par Antonio Skarmeta*
V28. Tchao l'enfance, craignos l'amour, *par Delia Ephron*
V29. Mémoires capitales, *par Groucho Marx*
V30. Dieu, Shakespeare et moi, *par Woody Allen*
V31. Dictionnaire superflu à l'usage de l'élite et des bien nantis, *par Pierre Desproges*
V32. Je t'aime, je te tue, *par Morgan Sportes*
V33. Rock-Vinyl (Pour une discothèque du rock) *par Jean-Marie Leduc*

V34. Le Manuel du parfait petit masochiste
par Dan Greenburg
V35. L'Oiseau Canadèche, *par Jim Dodge*
V36. Des sous et des hommes, *par Jean-Marie Albertini*
V37. De l'univers à nous, *par Robert Clarke*
V38. Pour en finir une bonne fois pour toutes
avec la culture, *par Woody Allen*
V39. Le Gone du Chaâba, *par Azouz Begag*
V40. Le Cinéma américain. Les années trente
par Olivier-René Veillon
V41. Mistral gagnant, chansons et dessins, *par Renaud*
V42. Les Aventures d'Adrian Mole, 15 ans
par Sue Townsend
V43. Le Palais des claques, *par Pascal Bruckner*
V44. La Cuisine cannibale, *par Roland Topor*
V45. Le Livre d'Étoile, *par Gil Ben Aych*
V46. Les Dingues du nonsense, *par Robert Benayoun*
V47. Le Grand Cerf-Volant, *par Gilles Vigneault*
V48. Comment choisir son psychanalyste
par Oreste Saint-Drôme
V49. Slapstick, *par Buster Keaton*
V50. Chroniques de la haine ordinaire
par Pierre Desproges
V51. Cinq Milliards d'hommes dans un vaisseau
par Albert Jacquard
V52. Rien à voir avec une autre histoire
par Griselda Gambaro
V53. Comment faire son alyah en vingt leçons
par Moshé Gaash
V54. A rebrousse-poil
par Roland Topor et Henri Xhonneux
V55. Vive la sociale !, *par Gérard Mordillat*
V56. Ma gueule d'atmosphère, *par Alain Gillot-Pétré*
V57. Le Mystère Tex Avery, *par Robert Benayoun*
V58. Destins tordus, *par Woody Allen*
V59. Comment se débarrasser de son psychanalyste
par Oreste Saint-Drôme
V60. Boum !, *par Charles Trenet*
V61. Catalogue des idées reçues sur la langue
par Marina Yaguello
V62. Mémoires d'un vieux con, *par Roland Topor*
V63. Le Cinéma américain. Les années quatre-vingt
par Olivier-René Veillon
V64. Le Temps des noyaux, *par Renaud*
V65. Une ardente patience, *par Antonio Skarmeta*
V66. A quoi pense Walter ?, *par Gérard Mordillat*
V67. Les Enfants, oui ! L'Eau ferrugineuse, non !
par Anne Debarède

V68. Dictionnaire du français branché, *par Pierre Merle*
V69. Béni ou le paradis privé, *par Azouz Begag*
V70. Idiomatics français-anglais, *par Initial Groupe*
V71. Idiomatics français-allemand, *par Initial Groupe*
V72. Idiomatics français-espagnol, *par Initial Groupe*
V73. Abécédaire de l'ambiguïté, *par Albert Jacquard*
V74. Je suis une étoile, *par Inge Auerbacher*
V75. Le Roman de Renaud, *par Thierry Séchan*
V76. Bonjour Monsieur Lewis, *par Robert Benayoun*
V77. Monsieur Butterfly, *par Howard Buten*
V78. Des femmes qui tombent, *par Pierre Desproges*
V79. Le Blues de l'argot, *par Pierre Merle*
V80. Idiomatics français-italien, *par Initial Groupe*
V81. Idiomatics français-portugais, *par Initial Groupe*
V82. Les Folies-Belgères, *par Jean-Pierre Verheggen*
V83. Vous permettez que je vous appelle Raymond ?
par Antoine de Caunes et Albert Algoud
V84. Histoire de lettres, *par Marina Yaguello*
V85. Tout ce que vous avez toujours voulu savoir sur le sexe sans jamais oser le demander, *par Woody Allen*
V86. Écarts d'identité
par Azouz Begag et Abdellatif Chaouite
V87. Pas mal pour un lundi !
par Antoine de Caunes et Albert Algoud
V88. Au pays des faux amis
par Charles Szlakmann et Samuel Cranston
V89. Le Ronfleur apprivoisé, *par Oreste Saint-Drôme*
V90. Je ne vais pas bien, mais il faut que j'y aille
par Maurice Roche
V91. Qui n'a pas vu Dieu n'a rien vu
par Maurice Roche
V92. Dictionnaire du français parlé
par Charles Bernet et Pierre Rézeau
V93. Mots d'Europe (Textes d'Arthur Rimbaud)
présentés par Agnès Rosenstiehl
V94. Idiomatics français-néerlandais, *par Initial Groupe*
V95. Le monde est rond, *par Gertrude Stein*
V96. Poèmes et Chansons, *par Georges Brassens*
V97. Paroles d'esclaves, *par James Mellon*
V98. Les Poules pensives, *par Luigi Malerba*
V99. Ugly, *par Daniel Mermet*
V100. Papa et maman sont morts, *par Gilles Paris*
V101. Les écrivains sont dans leur assiette, *par Salim Jay*
V102. Que sais-je ? Rien, *par Karl Zéro*
V103. L'Ouilla, *par Claude Duneton*
V104. Le Déchiros, *par Pierre Merle*
V105. Petite Histoire de la langue, *par Pozner et Desclozeaux*
V106. Hannah et ses sœurs, *par Woody Allen*

V107. Les Marx Brothers ont la parole, *par Robert Benayoun*
V108. La Folie sans peine, *par Didier Raymond*
V109. Le Dessin d'humour, *par Michel Ragon*
V110. Le Courrier des lettres, *par Roland Topor*
V111. L'Affiche de A à Z, *par Savignac*
V112. Une enfance ordinaire, *par Claude Menuet (Massin)*
V113. Continuo, *par Massin*
V114. L'Ilet-aux-Vents, *par Azouz Begag*
V115. J'aime beaucoup ce que vous faites *par Antoine de Caunes et Albert Algoud*
V116. Œil de verre, jambe de bois, *par Albert Algoud*
V117. Bob Marley, *par Stephen Davis*
V118. Il faudra bien te couvrir, *par Howard Buten*
V119. Petites Drôleries et Autres Méchancetés sans importance *par Guy Bedos*
V120. Enfances vendéennes, *par Michel Ragon*
V121. Amour, toujours !, *par l'Abbé Pierre*
V122. J'espérons que je m'en sortira, *par Marcello D'Orta*
V123. Petit Dictionnaire des chiffres en toutes lettres *par Pierre Rézeau*
V124. Un monde sans prisons ?, *par Albert Jacquard*
V125. Tout à fait, Jean-Michel ! *par Thierry Roland et Jean-Michel Larqué*
V126. Le Pensionnaire, *par Claude Menuet (Massin)*
V127. Le Petit Livre des instruments de musique *par Dan Franck*
V128. Crac ! Boum ! Hue !, *par Béatrice Le Métayer*
V129. Bon chic chroniques, *par Caroline Loeb*
V130. L'Éducation de Bibi l'Infante, *par Agnès Rosenstiehl*
V131. Crimes et Délits, *par Woody Allen*
V132. L'argent n'a pas d'idées, seules les idées font de l'argent *par Jacques Séguéla*
V133. Le Retour de Tartarin, *par Albert Algoud*
V134. Une ambulance peut en cacher une autre, *par Antoine de Caunes et Albert Algoud*
V135. Lexique du français tabou, *par Pierre Merle*
V136. C'est déjà tout ça, *par Alain Souchon (chansons)*
V137. Allons-y, Alonzo !, *par Marie Treps*
V138. L'Argot des musiciens *par Alain Bouchaux, Madeleine Juteau et Didier Roussin*
V139. Le Roi du comique, *par Mack Sennett*
V140. La Reine et Moi, *par Sue Townsend*
V141. Dictionnaire inespéré de 55 termes visités par Jacques Lacan *par Oreste Saint-Drôme*
V142. Chroniques enfantines des années sombres *par Ivan Favreau*
V143. Sans nouvelles de Gurb, *par Eduardo Mendoza*
V144. Le Petit Livre des gros câlins, *par Kathleen Keating*

Collection Points

SÉRIE ROMAN

DERNIERS TITRES PARUS

R30. Affaires étrangères, *par Jean-Marc Roberts*
R31. Nedjma, *par Kateb Yacine*
R32. Le Vertige, *par Evguénia Guinzbourg*
R33. La Motte rouge, *par Maurice Genevoix*
R34. Les Buddenbrook, *par Thomas Mann*
R35. Grand Reportage, *par Michèle Manceaux*
R36. Isaac le mystérieux (Le ver et le solitaire) *par Jerome Charyn*
R37. Le Passage, *par Jean Reverzy*
R38. Chesapeake, *par James A. Michener*
R39. Le Testament d'un poète juif assassiné *par Elie Wiesel*
R40. Candido, *par Leonardo Sciascia*
R41. Le Voyage à Paimpol, *par Dorothée Letessier*
R42. L'Honneur perdu de Katharina Blum *par Heinrich Böll*
R43. Le Pays sous l'écorce, *par Jacques Lacarrière*
R44. Le Monde selon Garp, *par John Irving*
R45. Les Trois Jours du cavalier, *par Nicole Ciravégna*
R46. Nécropolis, *par Herbert Lieberman*
R47. Fort Saganne, *par Louis Gardel*
R48. La Ligne 12, *par Raymond Jean*
R49. Les Années de chien, *par Günter Grass*
R50. La Réclusion solitaire, *par Tahar Ben Jelloun*
R51. Senilità, *par Italo Svevo*
R52. Trente Mille Jours, *par Maurice Genevoix*
R53. Cabinet Portrait, *par Jean-Luc Benoziglio*
R54. Saison violente, *par Emmanuel Roblès*
R55. Une comédie française, *par Éric Orsenna*
R56. Le Pain nu, *par Mohamed Choukri*
R57. Sarah et le Lieutenant français, *par John Fowles*
R58. Le Dernier Viking, *par Patrick Grainville*
R59. La Mort de la phalène, *par Virginia Woolf*
R60. L'Homme sans qualités, tome 1, *par Robert Musil*
R61. L'Homme sans qualités, tome 2, *par Robert Musil*
R62. L'Enfant de la mer de Chine, *par Didier Decoin*
R63. Le Professeur et la Sirène *par Giuseppe Tomasi di Lampedusa*
R64. Le Grand Hiver, *par Ismaïl Kadaré*
R65. Le Cœur du voyage, *par Pierre Moustiers*
R66. Le Tunnel, *par Ernesto Sabato*

R67. Kamouraska, *par Anne Hébert*
R68. Machenka, *par Vladimir Nabokov*
R69. Le Fils du pauvre, *par Mouloud Feraoun*
R70. Cités à la dérive, *par Stratis Tsirkas*
R71. Place des Angoisses, *par Jean Reverzy*
R72. Le Dernier Chasseur, *par Charles Fox*
R73. Pourquoi pas Venise, *par Michèle Manceaux*
R74. Portrait de groupe avec dame, *par Heinrich Böll*
R75. Lunes de fiel, *par Pascal Bruckner*
R76. Le Canard de bois (Les Fils de la Liberté, I)
par Louis Caron
R77. Jubilee, *par Margaret Walker*
R78. Le Médecin de Cordoue, *par Herbert Le Porrier*
R79. Givre et Sang, *par John Cowper Powys*
R80. La Barbare, *par Katherine Pancol*
R81. Si par une nuit d'hiver un voyageur, *par Italo Calvino*
R82. Gerardo Laïn, *par Michel del Castillo*
R83. Un amour infini, *par Scott Spencer*
R84. Une enquête au pays, *par Driss Chraïbi*
R85. Le Diable sans porte (tome 1 : Ah, mes aïeux !)
par Claude Duneton
R86. La Prière de l'absent, *par Tahar Ben Jelloun*
R87. Venise en hiver, *par Emmanuel Roblès*
R88. La Nuit du Décret, *par Michel del Castillo*
R89. Alejandra, *par Ernesto Sabato*
R90. Plein Soleil, *par Marie Susini*
R91. Les Enfants de fortune, *par Jean-Marc Roberts*
R92. Protection encombrante, *par Heinrich Böll*
R93. Lettre d'excuse, *par Raphaële Billetdoux*
R94. Le Voyage indiscret, *par Katherine Mansfield*
R95. La Noire, *par Jean Cayrol*
R96. L'Obsédé (L'Amateur), *par John Fowles*
R97. Siloé, *par Paul Gadenne*
R98. Portrait de l'artiste en jeune chien, *par Dylan Thomas*
R99. L'Autre, *par Julien Green*
R100. Histoires pragoises, *par Rainer Maria Rilke*
R101. Bélibaste, *par Henri Gougaud*
R102. Le Ciel de la Kolyma (Le Vertige, II)
par Evguénia Guinzbourg
R103. La Mulâtresse Solitude, *par André Schwarz-Bart*
R104. L'Homme du Nil, *par Stratis Tsirkas*
R105. La Rhubarbe, *par René-Victor Pilhes*
R106. Gibier de potence, *par Kurt Vonnegut*
R107. Memory Lane
par Patrick Modiano, dessins de Pierre Le-Tan
R108. L'Affreux Pastis de la rue des Merles
par Carlo Emilio Gadda
R109. La Fontaine obscure, *par Raymond Jean*

R110. L'Hôtel New Hampshire, *par John Irving*
R111. Les Immémoriaux, *par Victor Segalen*
R112. Cœur de lièvre, *par John Updike*
R113. Le Temps d'un royaume, *par Rose Vincent*
R114. Poisson-chat, *par Jerome Charyn*
R115. Abraham de Brooklyn, *par Didier Decoin*
R116. Trois Femmes, *suivi de* Noces, *par Robert Musil*
R117. Les Enfants du sabbat, *par Anne Hébert*
R118. La Palmeraie, *par François-Régis Bastide*
R119. Maria Republica, *par Agustin Gomez-Arcos*
R120. La Joie, *par Georges Bernanos*
R121. Incognito, *par Petru Dumitriu*
R122. Les Forteresses noires, *par Patrick Grainville*
R123. L'Ange des ténèbres, *par Ernesto Sabato*
R124. La Fiera, *par Marie Susini*
R125. La Marche de Radetzky, *par Joseph Roth*
R126. Le vent souffle où il veut, *par Paul-André Lesort*
R127. Si j'étais vous..., *par Julien Green*
R128. Le Mendiant de Jérusalem, *par Elie Wiesel*
R129. Mortelle, *par Christopher Frank*
R130. La France m'épuise, *par Jean-Louis Curtis*
R131. Le Chevalier inexistant, *par Italo Calvino*
R132. Le Dialogue des Carmélites, *par Georges Bernanos*
R133. L'Étrusque, *par Mika Waltari*
R134. La Rencontre des hommes, *par Benigno Cacérès*
R135. Le Petit Monde de Don Camillo
par Giovanni Guareschi
R136. Le Masque de Dimitrios, *par Eric Ambler*
R137. L'Ami de Vincent, *par Jean-Marc Roberts*
R138. Un homme au singulier, *par Christopher Isherwood*
R139. La Maison du désir, *par France Huser*
R140. Moi et ma cheminée, *par Herman Melville*
R141. Les Fous de Bassan, *par Anne Hébert*
R142. Les Stigmates, *par Luc Estang*
R143. Le Chat et la Souris, *par Günter Grass*
R144. Loïca, *par Dorothée Letessier*
R145. Paradiso, *par José Lezama Lima*
R146. Passage de Milan, *par Michel Butor*
R147. Anonymus, *par Michèle Manceaux*
R148. La Femme du dimanche
par Carlo Fruttero et Franco Lucentini
R149. L'Amour monstre, *par Louis Pauwels*
R150. L'Arbre à soleils, *par Henri Gougaud*
R151. Traité du zen et de l'entretien des motocyclettes
par Robert M. Pirsig
R152. L'Enfant du cinquième Nord, *par Pierre Billon*
R153. N'envoyez plus de roses, *par Eric Ambler*
R154. Les Trois Vies de Babe Ozouf, *par Didier Decoin*

R155. Le Vert Paradis, *par André Brincourt*
R156. Varouna, *par Julien Green*
R157. L'Incendie de Los Angeles, *par Nathanaël West*
R158. Les Belles de Tunis, *par Nine Moati*
R159. Vertes Demeures, *par Henry Hudson*
R160. Les Grandes Vacances, *par Francis Ambrière*
R161. Ceux de 14, *par Maurice Genevoix*
R162. Les Villes invisibles, *par Italo Calvino*
R163. L'Agent secret, *par Graham Greene*
R164. La Lézarde, *par Edouard Glissant*
R165. Le Grand Escroc, *par Herman Melville*
R166. Lettre à un ami perdu, *par Patrick Besson*
R167. Evaristo Carriego, *par Jorge Luis Borges*
R168. La Guitare, *par Michel del Castillo*
R169. Épitaphe pour un espion, *par Eric Ambler*
R170. Fin de saison au Palazzo Pedrotti, *par Frédéric Vitoux*
R171. Jeunes Années. Autobiographie 1, *par Julien Green*
R172. Jeunes Années. Autobiographie 2, *par Julien Green*
R173. Les Égarés, *par Frédérick Tristan*
R174. Une affaire de famille, *par Christian Giudicelli*
R175. Le Testament amoureux, *par Rezvani*
R176. C'était cela notre amour, *par Marie Susini*
R177. Souvenirs du triangle d'or, *par Alain Robbe-Grillet*
R178. Les Lauriers du lac de Constance, *par Marie Chaix*
R179. Plan B, *par Chester Himes*
R180. Le Sommeil agité, *par Jean-Marc Roberts*
R181. Roman Roi, *par Renaud Camus*
R182. Vingt Ans et des poussières
par Didier van Cauwelaert
R183. Le Château des destins croisés, *par Italo Calvino*
R184. Le Vent de la nuit, *par Michel del Castillo*
R185. Une curieuse solitude, *par Philippe Sollers*
R186. Les Trafiquants d'armes, *par Eric Ambler*
R187. Un printemps froid, *par Danièle Sallenave*
R188. Mickey l'Ange, *par Geneviève Dormann*
R189. Histoire de la mer, *par Jean Cayrol*
R190. Senso, *par Camillo Boito*
R191. Sous le soleil de Satan
par Georges Bernanos
R192. Niembsch ou l'immobilité, *par Peter Härtling*
R193. Prends garde à la douceur des choses
par Raphaële Billetdoux
R194. L'Agneau carnivore, *par Agustin Gomez-Arcos*
R195. L'Imposture, *par Georges Bernanos*
R196. Ararat, *par D. M. Thomas*
R197. La Croisière de l'angoisse, *par Eric Ambler*
R198. Léviathan, *par Julien Green*
R199. Sarnia, *par Gerald Basil Edwards*

R200. Le Colleur d'affiches, *par Michel del Castillo*
R201. Un mariage poids moyen, *par John Irving*
R202. John l'Enfer, *par Didier Decoin*
R203. Les Chambres de bois, *par Anne Hébert*
R204. Mémoires d'un jeune homme rangé
par Tristan Bernard
R205. Le Sourire du Chat, *par François Maspero*
R206. L'Inquisiteur, *par Henri Gougaud*
R207. La Nuit américaine, *par Christopher Frank*
R208. Jeunesse dans une ville normande
par Jacques-Pierre Amette
R209. Fantôme d'une puce, *par Michel Braudeau*
R210. L'Avenir radieux, *par Alexandre Zinoviev*
R211. Constance D., *par Christian Combaz*
R212. Épaves, *par Julien Green*
R213. La Leçon du maître, *par Henry James*
R214. Récit des temps perdus, *par Aris Fakinos*
R215. La Fosse aux chiens, *par John Cowper Powys*
R216. Les Portes de la forêt, *par Elie Wiesel*
R217. L'Affaire Deltchev, *par Eric Ambler*
R218. Les amandiers sont morts de leurs blessures
par Tahar Ben Jelloun
R219. L'Admiroir, *par Anny Duperey*
R220. Les Grands Cimetières sous la lune
par Georges Bernanos
R221. La Créature, *par Étienne Barilier*
R222. Un Anglais sous les tropiques, *par William Boyd*
R223. La Gloire de Dina, *par Michel del Castillo*
R224. Poisson d'amour, *par Didier van Cauwelaert*
R225. Les Yeux fermés, *par Marie Susini*
R226. Cobra, *par Severo Sarduy*
R227. Cavalerie rouge, *par Isaac Babel*
R228. Tous les soleils, *par Bertrand Visage*
R229. Pétersbourg, *par Andréi Biély*
R230. Récits d'un jeune médecin
par Mikhaïl Boulgakov
R231. La Maison des prophètes, *par Nicolas Saudray*
R232. Trois Heures du matin à New York
par Herbert Lieberman
R233. La Mère du printemps, *par Driss Chraïbi*
R234. Adrienne Mesurat, *par Julien Green*
R235. Jusqu'à la mort, *par Amos Oz*
R236. Les Envoûtés, *par Witold Gombrowicz*
R237. Frontière des ténèbres, *par Eric Ambler*
R238. Les Deux Sacrements, *par Heinrich Böll*
R239. Cherchant qui dévorer, *par Luc Estang*
R240. Le Tournant, *par Klaus Mann*
R241. Aurélia, *par France Huser*

R242. Le Sixième Hiver
par Douglas Orgill et John Gribbin
R243. Naissance d'un spectre, *par Frédérick Tristan*
R244. Lorelei, *par Maurice Genevoix*
R245. Le Bois de la nuit, *par Djuna Barnes*
R246. La Caverne céleste, *par Patrick Grainville*
R247. L'Alliance, tome 1, *par James A. Michener*
R248. L'Alliance, tome 2, *par James A. Michener*
R249. Juliette, chemin des Cerisiers, *par Marie Chaix*
R250. Le Baiser de la femme-araignée, *par Manuel Puig*
R251. Le Vésuve, *par Emmanuel Roblès*
R252. Comme neige au soleil, *par William Boyd*
R253. Palomar, *par Italo Calvino*
R254. Le Visionnaire, *par Julien Green*
R255. La Revanche, *par Henry James*
R256. Les Années-lumière, *par Rezvani*
R257. La Crypte des capucins, *par Joseph Roth*
R258. La Femme publique, *par Dominique Garnier*
R259. Maggie Cassidy, *par Jack Kerouac*
R260. Mélancolie Nord, *par Michel Rio*
R261. Énergie du désespoir, *par Eric Ambler*
R262. L'Aube, *par Elie Wiesel*
R263. Le Paradis des orages, *par Patrick Grainville*
R264. L'Ouverture des bras de l'homme
par Raphaële Billetdoux
R265. Méchant, *par Jean-Marc Roberts*
R266. Un policeman, *par Didier Decoin*
R267. Les Corps étrangers, *par Jean Cayrol*
R268. Naissance d'une passion, *par Michel Braudeau*
R269. Dara, *par Patrick Besson*
R270. Parias, *par Pascal Bruckner*
R271. Le Soleil et la Roue, *par Rose Vincent*
R272. Le Malfaiteur, *par Julien Green*
R273. Scarlett si possible, *par Katherine Pancol*
R274. Journal d'une fille de Harlem, *par Julius Horwitz*
R275. Le Nez de Mazarin, *par Anny Duperey*
R276. La Chasse à la licorne, *par Emmanuel Roblès*
R277. Red Fox, *par Anthony Hyde*
R278. Minuit, *par Julien Green*
R279. L'Enfer, *par René Belletto*
R280. Et si on parlait d'amour, *par Claire Gallois*
R281. Pologne, *par James A. Michener*
R282. Notre homme, *par Louis Gardel*
R283. La Nuit du solstice, *par Herbert Lieberman*
R284. Place de Sienne, côté ombre
par Carlo Fruttero et Franco Lucentini
R285. Meurtre au comité central
par Manuel Vázquez Montalbán

R286. L'Isolé soleil, *par Daniel Maximin*
R287. Samedi soir, dimanche matin, *par Alan Sillitoe*
R288. Petit Louis, dit XIV, *par Claude Duneton*
R289. Le Perchoir du perroquet, *par Michel Rio*
R290. L'Enfant pain, *par Agustin Gomez-Arcos*
R291. Les Années Lula, *par Rezvani*
R292. Michael K, sa vie, son temps, *par J. M. Coetzee*
R293. La Connaissance de la douleur
par Carlo Emilio Gadda
R294. Complot à Genève, *par Eric Ambler*
R295. Serena, *par Giovanni Arpino*
R296. L'Enfant de sable, *par Tahar Ben Jelloun*
R297. Le Premier Regard, *par Marie Susini*
R298. Regardez-moi, *par Anita Brookner*
R299. La Vie fantôme, *par Danièle Sallenave*
R300. L'Enchanteur, *par Vladimir Nabokov*
R301. L'Ile atlantique, *par Tony Duvert*
R302. Le Grand Cahier, *par Agota Kristof*
R303. Le Manège espagnol, *par Michel del Castillo*
R304. Le Berceau du chat, *par Kurt Vonnegut*
R305. Une histoire américaine, *par Jacques Godbout*
R306. Les Fontaines du grand abîme, *par Luc Estang*
R307. Le Mauvais Lieu, *par Julien Green*
R308. Aventures dans le commerce des peaux en Alaska
par John Hawkes
R309. La Vie et demie, *par Sony Labou Tansi*
R310. Jeune Fille en silence, *par Raphaële Billetdoux*
R311. La Maison près du marais, *par Herbert Lieberman*
R312. Godelureaux, *par Eric Ollivier*
R313. La Chambre ouverte, *par France Huser*
R314. L'Œuvre de Dieu, la part du Diable, *par John Irving*
R315. Les Silences ou la vie d'une femme
par Marie Chaix
R316. Les Vacances du fantôme, *par Didier van Cauwelaert*
R317. Le Levantin, *par Eric Ambler*
R318. Beno s'en va-t-en guerre, *par Jean-Luc Benoziglio*
R319. Miss Lonelyhearts, *par Nathanaël West*
R320. Cosmicomics, *par Italo Calvino*
R321. Un été à Jérusalem, *par Chochana Boukhobza*
R322. Liaisons étrangères, *par Alison Lurie*
R323. L'Amazone, *par Michel Braudeau*
R324. Le Mystère de la crypte ensorcelée
par Eduardo Mendoza
R325. Le Cri, *par Chochana Boukhobza*
R326. Femmes devant un paysage fluvial, *par Heinrich Böll*
R327. La Grotte, *par Georges Buis*
R328. Bar des flots noirs, *par Olivier Rolin*
R329. Le Stade de Wimbledon, *par Daniele Del Giudice*

R330. Le Bruit du temps, *par Ossip E. Mandelstam*
R331. La Diane rousse, *par Patrick Grainville*
R332. Les Éblouissements, *par Pierre Mertens*
R333. Talgo, *par Vassilis Alexakis*
R334. La Vie trop brève d'Edwin Mullhouse
par Steven Millhauser
R335. Les Enfants pillards, *par Jean Cayrol*
R336. Les Mystères de Buenos Aires, *par Manuel Puig*
R337. Le Démon de l'oubli, *par Michel del Castillo*
R338. Christophe Colomb, *par Stephen Marlowe*
R339. Le Chevalier et la Reine, *par Christopher Frank*
R340. Autobiographie de tout le monde, *par Gertrude Stein*
R341. Archipel, *par Michel Rio*
R342. Texas, tome 1, *par James A. Michener*
R343. Texas, tome 2, *par James A. Michener*
R344. Loyola's blues, *par Erik Orsenna*
R345. L'Arbre aux trésors, légendes, *par Henri Gougaud*
R346. Les Enfants des morts, *par Henrich Böll*
R347. Les Cent Premières Années de Niño Cochise
par A. Kinney Griffith et Niño Cochise
R348. Vente à la criée du lot 49, *par Thomas Pynchon*
R349. Confessions d'un enfant gâté
par Jacques-Pierre Amette
R350. Boulevard des trahisons, *par Thomas Sanchez*
R351. L'Incendie, *par Mohammed Dib*
R352. Le Centaure, *par John Updike*
R353. Une fille cousue de fil blanc, *par Claire Gallois*
R354. L'Adieu aux champs, *par Rose Vincent*
R355. La Ratte, *par Günter Grass*
R356. Le Monde hallucinant, *par Reinaldo Arenas*
R357. L'Anniversaire, *par Mouloud Feraoun*
R358. Le Premier Jardin, *par Anne Hébert*
R359. L'Amant sans domicile fixe
par Carlo Fruttero et Franco Lucentini
R360. L'Atelier du peintre, *par Patrick Grainville*
R361. Le Train vert, *par Herbert Lieberman*
R362. Autopsie d'une étoile, *par Didier Decoin*
R363. Un joli coup de lune, *par Chester Himes*
R364. La Nuit sacrée, *par Tahar Ben Jelloun*
R365. Le Chasseur, *par Carlo Cassola*
R366. Mon père américain, *par Jean-Marc Roberts*
R367. Remise de peine, *par Patrick Modiano*
R368. Le Rêve du singe fou, *par Christopher Frank*
R369. Angelica, *par Bertrand Visage*
R370. Le Grand Homme, *par Claude Delarue*
R371. La Vie comme à Lausanne, *par Erik Orsenna*
R372. Une amie d'Angleterre, *par Anita Brookner*
R373. Norma ou l'exil infini, *par Emmanuel Roblès*

R374. Les Jungles pensives, *par Michel Rio*
R375. Les Plumes du pigeon, *par John Updike*
R376. L'Héritage Schirmer, *par Eric Ambler*
R377. Les Flamboyants, *par Patrick Grainville*
R378. L'Objet perdu de l'amour, *par Michel Braudeau*
R379. Le Boucher, *par Alina Reyes*
R380. Le Labyrinthe aux olives, *par Eduardo Mendoza*
R381. Les Pays lointains, *par Julien Green*
R382. L'Épopée du buveur d'eau, *par John Irving*
R383. L'Écrivain public, *par Tahar Ben Jelloun*
R384. Les Nouvelles Confessions, *par William Boyd*
R385. Les Lèvres nues, *par France Huser*
R386. La Famille de Pascal Duarte, *par Camilo José Cela*
R387. Une enfance à l'eau bénite, *par Denise Bombardier*
R388. La Preuve, *par Agota Kristof*
R389. Tarabas, *par Joseph Roth*
R390. Replay, *par Ken Grimwood*
R391. Rabbit Boss, *par Thomas Sanchez*
R392. Aden Arabie, *par Paul Nizan*
R393. La Ferme, *par John Updike*
R394. L'Obscène Oiseau de la nuit, *par José Donoso*
R395. Un printemps d'Italie, *par Emmanuel Roblès*
R396. L'Année des méduses, *par Christopher Frank*
R397. Miss Missouri, *par Michel Boujut*
R398. Le Figuier, *par François Maspero*
R399. La Solitude du coureur de fond, *par Alan Sillitoe*
R400. L'Exposition coloniale, *par Erik Orsenna*
R401. La Ville des prodiges, *par Eduardo Mendoza*
R402. La Croyance des voleurs, *par Michel Chaillou*
R403. Rock Springs, *par Richard Ford*
R404. L'Orange amère, *par Didier van Cauwelaert*
R405. Tara, *par Michel del Castillo*
R406. L'Homme à la vie inexplicable, *par Henri Gougaud*
R407. Le Beau Rôle, *par Louis Gardel*
R408. Le Messie de Stockholm, *par Cynthia Ozick*
R409. Les Exagérés, *par Jean- François Vilar*
R410. L'Objet du scandale, *par Robertson Davies*
R411. Berlin mercredi, *par François Weyergans*
R412. L'Inondation, *par Evguéni Zamiatine*
R413. Rentrez chez vous Bogner !, *par Heinrich Böll*
R414. Les Herbes amères, *par Chochana Boukhobza*
R415. Le Pianiste, *par Manuel Vázquez Montalbán*
R416. Une mort secrète, *par Richard Ford*
R417. La Journée d'un scrutateur, *par Italo Calvino*
R418. Collection de sable, *par Italo Calvino*
R419. Les Soleils des indépendances, *par Ahmadou Kourouma*
R420. Lacenaire (un film de Francis Girod)
par Georges Conchon

R421. Œuvres pré-posthumes, *par Robert Musil*
R422. Merlin, *par Michel Rio*
R423. Charité, *par Éric Jourdan*
R424. Le Visiteur, *par György Konrad*
R425. Monsieur Adrien, *par Franz-Olivier Giesbert*
R426. Palinure de Mexico, *par Fernando Del Paso*
R427. L'Amour du prochain, *par Hugo Claus*
R428. L'Oublié, *par Elie Wiesel*
R429. Temps zéro, *par Italo Calvino*
R430. Les Comptoirs du Sud, *par Philippe Doumenc*
R431. Le Jeu des décapitations, *par Jose Lezama Lima*
R432. Tableaux d'une ex, *par Jean-Luc Benoziglio*
R433. Les Effrois de la glace et des ténèbres
par Christoph Ransmayr
R434. Paris-Athènes, *par Vassilis Alexakis*
R435. La Porte de Brandebourg, *par Anita Brookner*
R436. Le Jardin à la dérive, *par Ida Fink*
R437. Malina, *par Ingeborg Bachmann*
R438. Moi, laminaire, *par Aimé Césaire*
R439. Histoire d'un idiot racontée par lui-même
par Félix de Azúa
R440. La Résurrection des morts, *par Scott Spencer*
R441. La Caverne, *par Eugène Zamiatine*
R442. Le Manticore, *par Robertson Davies*
R443. Perdre, *par Pierre Mertens*
R444. La Rébellion, *par Joseph Roth*
R445. D'amour P. Q., *par Jacques Godbout*
R446. Un oiseau brûlé vif, *par Agustin Gomez-Arcos*
R447. Le Blues de Buddy Bolden, *par Michael Ondaatje*
R448. Étrange séduction (Un bonheur de rencontre)
par Ian McEwan
R449. La Diable, *par Fay Weldon*
R450. L'Envie, *par Iouri Olecha*
R451. La Maison du Mesnil, *par Maurice Genevoix*
R452. La Joyeuse Bande d'Atzavara
par Manuel Vázquez Montalbán
R453. Le Photographe et ses Modèles, *par John Hawkes*
R454. Rendez-vous sur la terre, *par Bertrand Visage*
R455. Les Aventures singulières du soldat Ivan Tchonkine
par Vladimir Voïnovitch
R456. Départements et Territoires d'outre-mort
par Henri Gougaud
R457. Vendredi des douleurs, *par Miguel Angel Asturias*
R458. L'Avortement, *par Richard Brautigan*
R459. Histoire du ciel, *par Jean Cayrol*
R460. Une prière pour Owen, *par John Irving*
R461. L'Orgie, la Neige, *par Patrick Grainville*
R462. Le Tueur et son ombre, *par Herbert Lieberman*

R463. Les Grosses Rêveuses, *par Paul Fournel*
R464. Un week-end dans le Michigan, *par Richard Ford*
R465. Les Marches du palais, *par David Shahar*
R466. Les hommes cruels ne courent pas les rues
par Katherine Pancol
R467. La Vie exagérée de Martín Romaña
par Alfredo Bryce-Echenique
R468. Les Étoiles du Sud, *par Julien Green*
R469. Aventures, *par Italo Calvino*
R470. Jour de silence à Tanger, *par Tahar Ben Jelloun*
R471. Sous le soleil jaguar, *par Italo Calvino*
R472. Les cyprès meurent en Italie, *par Michel del Castillo*
R473. Kilomètre zéro, *par Thomas Sanchez*
R474. Singulières Jeunes Filles, *par Henry James*
R475. Franny et Zooey, *par J. D. Salinger*
R476. Vaulascar, *par Michel Braudeau*
R477. La Vérité sur l'affaire Savolta, *par Eduardo Mendoza*
R478. Les Visiteurs du crépuscule, *par Eric Ambler*
R479. L'Ancienne Comédie, *par Jean-Claude Guillebaud*
R480. La Chasse au lézard, *par William Boyd*
R481. Les Yaquils, *suivi de* Ile déserte, *par Emmanuel Roblès*
R482. Proses éparses, *par Robert Musil*
R483. Le Loum, *par René-Victor Pilhes*
R484. La Fascination de l'étang, *par Virginia Woolf*
R485. Journaux de jeunesse, *par Rainer Maria Rilke*
R486. Tirano Banderas, *par Ramón del Valle-Inclán*
R487. Une trop bruyante solitude, *par Bohumil Hrabal*
R488. En attendant les barbares, *par J. M. Coetzee*
R489. Les Hauts-Quartiers, *par Paul Gadenne*
R490. Je lègue mon âme au diable
par Germán Castro Caycedo
R491. Le Monde des merveilles, *par Robertson Davies*
R492. Louve basse, *par Denis Roche*
R493. La Couleur du destin
par Carlo Fruttero et Franco Lucentini
R494. Poupée blonde
par Patrick Modiano, dessins de Pierre Le-Tan
R495. La Mort de Lohengrin, *par Heinrich Böll*
R496. L'Aïeul, *par Aris Fakinos*
R497. Le Héros des femmes, *par Adolfo Bioy Casares*
R498. 1492. Les Aventures de Juan Cabezón de Castille
par Homero Aridjis
R499. L'Angoisse du tigre, *par Jean-Marc Roberts*
R500. Les Yeux baissés, *par Tahar Ben Jelloun*
R501. L'Innocent, *par Ian McEwan*
R502. Les Passagers du Roissy-Express
par François Maspero
R503. Adieu à Berlin, *par Christopher Isherwood*

R504. Remèdes désespérés, *par Thomas Hardy*
R505. Le Larron qui ne croyait pas au ciel
par Miguel Angel Asturias
R506. Madame de Mauves, *par Henry James*
R507. L'Année de la mort de Ricardo Reis, *par José Saramago*
R508. Abattoir 5, *par Kurt Vonnegut*
R509. Comme je l'entends, *par John Cowper Powys*
R510. Madrapour, *par Robert Merle*
R511. Ménage à quatre, *par Manuel Vázquez Montalbán*
R512. Tremblement de cœur, *par Denise Bombardier*
R513. Monnè, Outrages et Défis, *par Ahmadou Kourouma*
R514. L'Ultime Alliance, *par Pierre Billon*
R515. Le Café des fous, *par Felipe Alfau*
R516. Morphine, *par Mikhaïl Boulgakov*
R517. Le Fou du tzar, *par Jaan Kross*
R518. Wolf et Doris, *par Martin Walser*
R519. La Course au mouton sauvage, *par Haruki Murakami*
R520. Adios Schéhérazade, *par Donald Westlake*
R521. Les Feux du Bengale, *par Amitav Ghosh*
R522. La Spéculation immobilière, *par Italo Calvino*
R523. L'homme qui parlait d'Octavia de Cadix
par Alfredo Bryce-Echenique
R524. V., *par Thomas Pynchon*
R525. Les Anges rebelles, *par Robertson Davies*
R526. Nouveaux Contes de Bustos Domecq
par Jorge Luis Borges et Adolfo Bioy Casares
R527. Josepha, *par Christopher Frank*
R528. L'Amour sorcier, *par Louise Erdrich*
R529. L'Europe mordue par un chien, *par Christophe Donner*
R530. Les hommes qui ont aimé Evelyn Cotton
par Frank Ronan
R531. Agadir, *par Mohammed Khaïr-Eddine*
R532. Brigitta, *par Adalbert Stifter*
R533. Lune de miel et d'or, *par David Shahar*
R534. Histoires de vertige, *par Julien Green*
R535. Voyage en France, *par Henry James*
R536. La Femme de chambre du Titanic, *par Didier Decoin*
R537. Le Grand Partir, *par Henri Gougaud*
R538. La Boîte noire, *par Jean-Luc Benoziglio*
R539. Le Prochain sur la liste, *par Dan Greenburg*
R540. Topkapi, *par Eric Ambler*
R541. Hôtel du lac, *par Anita Brookner*
R542. L'Aimé, *par Axel Gauvin*
R543. Vends maison, où je ne veux plus vivre
par Bohumil Hrabal
R544. Enquête sous la neige, *par Michael Malone*
R545. Sérénissime, *par Frédéric Vitoux*
R546. Fleurs de ruine, *par Patrick Modiano*

R547. Les Girls du City-Boum-Boum, *par Vassilis Alexakis*
R548. Les Rives du fleuve Bleu, *par Emmanuel Roblès*
R549. Le Complexe polonais, *par Tadeusz Konwicki*
R550. La Patte du scarabée, *par John Hawkes*
R551. Sale Histoire, *par Eric Ambler*
R552. Le Silence des pierres, *par Michel del Castillo*
R553. Une rencontre en Westphalie, *par Günter Grass*
R554. Ludo & Compagnie, *par Patrick Lapeyre*
R555. Les Calendes grecques, *par Dan Franck*
R556. Chaque homme dans sa nuit, *par Julien Green*
R557. Nous sommes au regret de..., *par Dino Buzzati*
R558. La Bête dans la jungle, *par Henry James*
R559. Nouvelles démesurées, *par Adolfo Bioy Casares*
R560. Sylvie et Bruno, *par Lewis Carroll*
R561. L'Homme de Kiev, *par Bernard Malamud*
R562. Le Brochet, *par Eric Ambler*
R563. Mon valet et moi, *par Hervé Guibert*
R564. Les Européens, *par Henry James*
R565. Le Royaume enchanté de l'amour, *par Max Brod*
R566. Le Fou noir *suivi de* Le poing fermé, *par Arrigo Boito*
R567. La Fin d'une époque, *par Evelyn Waugh*
R568. Franza, *par Ingeborg Bachmann*
R569. Les Noces dans la maison, *par Bohumil Hrabal*
R570. Journal, *par Jean-René Huguenin*
R571. Une saison ardente, *par Richard Ford*
R572. Le Dernier Été des Indiens, *par Robert Lalonde*
R573. Beatus Ille, *par Antonio Muñoz Molina*
R574. Les Révoltés de la « Bounty »
par Charles Nordhoff et James Norman Hall
R575. L'Expédition, *par Henri Gougaud*
R576. La Loi du capitaine, *par Mike Nicol*
R577. La Séparation, *par Dan Franck*
R578. Voyage autour de mon crâne, *par Frigyes Karinthy*
R579. Monsieur Pinocchio, *par Jean-Marc Roberts*
R580. Les Feux, *par Raymond Carver*
R581. Mémoires d'un vieux crocodile, *par Tennessee Williams*
R582. Patty Diphusa, la Vénus des lavabos
par Pedro Almodóvar
R583. Le Voyage de Hölderlin en France
par Jacques-Pierre Amette
R584. Les Noms, *par Don DeLillo*
R585. Le Châle, *par Cynthia Ozick*
R586. Contes d'amour de folie et de mort, *par Horacio Quiroga*
R587. Liberté pour les ours !, *par John Irving*
R588. Mr. Stone, *par V. S. Naipaul*
R589. Loin de la troupe, *par Heinrich Böll*
R590. Dieu et nous seuls pouvons, *par Michel Folco*
R591. La Route de San Giovanni, *par Italo Calvino*

R592. En la forêt de longue attente, *par Hella S. Haasse*
R593. Lewis Percy, *par Anita Brookner*
R594. L'Affaire D., *par Charles Dickens*
Carlo Fruttero et Franco Lucentini
R595. La Pianiste, *par Elfriede Jelinek*
R596. Un air de famille, *par Michael Ondaatje*
R597. L'Ile enchantée, *par Eduardo Mendoza*
R598. Vineland, *par Thomas Pynchon*
R599. Jolie, la fille !, *par André Dubus*
R600. Le Troisième Mensonge, *par Agota Kristof*
R601. American Psycho, *par Bret Easton Ellis*
R602. Le Déménagement, *par Jean Cayrol*
R603. Arrêt de jeu, *par Dan Kavanagh*
R604. Brazzaville Plage, *par William Boyd*
R605. La Belle Affaire, *par T. C. Boyle*
R606. La Rivière du sixième jour, *par Norman Maclean*
R607. Le Tarbouche, *par Robert Solé*
R608. Leurs mains sont bleues, *par Paul Bowles*
R609. Une femme en soi, *par Michel del Castillo*
R610. Le Parapluie jaune, *par Elsa Lewin*
R611. L'Amateur, *par André Balland*
R612. Le Suspect, *par L. R. Wright*
R613. Le Tueur des abattoirs, *par Manuel Vázquez Montalbán*
R614. Mémoires du Capitán Alonso de Contreras
par Alonso de Contreras
R615. Colère, *par Patrick Grainville*
R616. Le Livre de John, *par Michel Braudeau*
R617. Faux Pas, *par Michel Rio*
R618. Quelqu'unbis est mort, *par Jean-Luc Benoziglio*
R619. La Vie quelque part, *par Anita Brookner*
R620. Iblis ou la Défroque du serpent, *par Armande Gobry-Valle*
R621. Fin de mission, *par Heinrich Böll*
R622. Les Mains vides, *par Maurice Genevoix*
R623. Un amour de chat, *par Frédéric Vitoux*
R624. Johnny s'en va-t-en guerre, *par Dalton Trumbo*
R625. La Remontée des cendres, *par Tahar Ben Jelloun*
R626. L'Enfant chargé de songes, *par Anne Hébert*
R627. L'Homme sans postérité, *par Adalbert Stifter*
R628. La Terre et le Sang, *par Mouloud Feraoun*
R629. Le Cimetière des fous, *par Dan Franck*
R630. Cytomégalovirus, *par Hervé Guibert*
R631. La Maison Pouchkine, *par Andreï Bitov*
R632. La Mémoire brûlée, *par Jean-Noël Pancrazi*
R633. Le taxi mène l'enquête, *par Sam Reaves*
R634. Les Sept Fous, *par Roberto Arlt*
R635. La Colline rouge, *par France Huser*
R636. Les Athlètes dans leur tête, *par Paul Fournel*
R637. San Camilo 1936, *par Camilo José Cela*

R638. Galíndez, *par Manuel Vázquez Montalbán*
R639. China Lake, *par Anthony Hyde*
R640. Tlacuilo, *par Michel Rio*
R641. L'Élève, *par Henry James*
R642. Aden, *par Anne-Marie Garat*
R643. L'Ange aveugle, *par Tahar Ben Jelloun*
R644. Dis-moi qui tuer, *par V. S. Naipaul*
R645. L'Arbre d'amour et de sagesse, *par Henri Gougaud*
R646. L'Étrange Histoire de Sir Hugo et de son valet Fledge *par Patrick McGrath*
R647. L'Herbe des ruines, *par Emmanuel Roblès*
R648. La Première Femme, *par Nedim Gürsel*
R649. Les Exclus, *par Elfriede Jelinek*
R650. Providence, *par Anita Brookner*
R651. Les Nouvelles Mille et Une Nuits, vol. 1 *par Robert Louis Stevenson*
R652. Les Nouvelles Mille et Une Nuits, vol. 2 *par Robert Louis Stevenson*
R653. Les Nouvelles Mille et Une Nuits, vol. 3 *par Robert Louis Stevenson*
R654. 1492. Mémoires du Nouveau Monde, *par Homero Aridjis*
R655. Lettres à Doubenka, *par Bohumil Hrabal*
R656. Le Vieux qui lisait des romans d'amour *par Luis Sepúlveda*
R657. Cassandra, *par John Hawkes*
R658. La Fin des temps, *par Haruki Murakami*
R659. Mémoires d'un nomade, *par Paul Bowles*
R660. La Femme du boucher, *par Li Ang*
R661. Anaconda, *par Horacio Quiroga*
R662. Le Polygone étoilé, *par Kateb Yacine*
R663. Je ferai comme si je n'étais pas là, *par Christopher Frank*
R664. Le Divin Enfant, *par Pascal Bruckner*
R665. Un homme remarquable, *par Robertson Davies*
R666. Une sécheresse à Paris, *par Alain Chany*
R667. Charles et Camille, *par Frédéric Vitoux*
R668. Les Quatre Fils du Dr March, *par Brigitte Aubert*
R669. 33 Jours, *par Léon Werth*
R670. La Mort à Veracruz, *par Héctor Aguilar Camín*
R671. Le Bâtard de Palerme, *par Luigi Natoli*
R672. L'Ile du lézard vert, *par Eduardo Manet*
R673. Juges et Assassins, *par Michael Malone*
R674. L'Enfant de Port-Royal, *par Rose Vincent*
R675. Amour et Ordures, *par Ivan Klíma*
R676. Rue de la Cloche, *par Serge Quadruppani*
R677. Les Dunes de Tottori, *par Kyotaro Nishimura*
R678. Lucioles, *par Shiva Naipaul*
R679. Tout fout le camp !, *par Dan Kavanagh*
R680. Les Sept Solitudes de Lorsa Lopez, *par Sony Labou Tansi*